CIBERPOPULISMO
POLÍTICA E DEMOCRACIA NO MUNDO DIGITAL

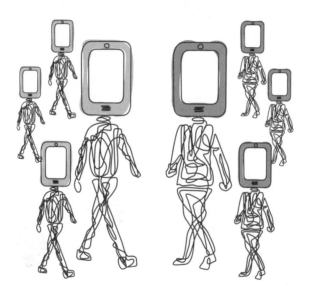

Proibida a reprodução total ou parcial em qualquer mídia
sem a autorização escrita da editora.
Os infratores estão sujeitos às penas da lei.

A Editora não é responsável pelo conteúdo deste livro.
O Autor conhece os fatos narrados, pelos quais é responsável,
assim como se responsabiliza pelos juízos emitidos.

Consulte nosso catálogo completo e últimos lançamentos em **www.editoracontexto.com.br**.

ANDRÉS BRUZZONE

CIBERPOPULISMO
POLÍTICA E DEMOCRACIA NO MUNDO DIGITAL

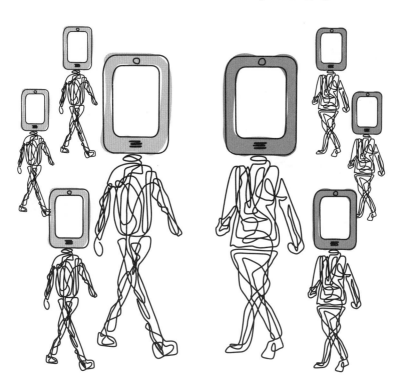

Copyright © 2021 do Autor

Todos os direitos desta edição reservados à
Editora Contexto (Editora Pinsky Ltda.)

Montagem de capa e diagramação
Gustavo S. Vilas Boas

Coordenação de textos
Luciana Pinsky

Preparação de textos
Lilian Aquino

Revisão
Bia Mendes

Dados Internacionais de Catalogação na Publicação (CIP)

Bruzzone, Andrés
Ciberpopulismo : política e democracia no mundo digital / Andrés Bruzzone. – São Paulo : Contexto, 2021.
128 p.

ISBN 978-65-5541-063-1

1. Comunicação 2. Ciência política 3. Populismo 4. Democracia 5. Mídias digitais I. Título

21-1406   CDD 302.2

Angélica Ilacqua CRB-8/7057

Índice para catálogo sistemático:
1. Comunicação social

2021

Editora Contexto
Diretor editorial: *Jaime Pinsky*

Rua Dr. José Elias, 520 – Alto da Lapa
05083-030 – São Paulo – SP
PABX: (11) 3832 5838
contexto@editoracontexto.com.br
www.editoracontexto.com.br

*A Bernardo e Victoria. Porque são, porque estão.
Devo a eles a força para viver e escrever este livro.*

Sumário

INTRODUÇÃO 9

HOMO COMMUNICANS 17

    Ubuntu: sou porque somos 20

    O tamanho do mundo 31

    O novo ecossistema da mídia 33

    Tiranossauro rex 2.0 37

    Destinos em xeque 42

    Usuário ou produto? 43

    Uberizados 47

    A fórmula Netflix 49

CIBERPOPULISMO, O NOVO NOME DA POLÍTICA 53

Populismo, uma definição 56
Populismo + digital = ciberpopulismo 59
Democracia ameaçada: EUA 61
Democracia e comunicação 63
Vício sem substância 74
Indignados.com 77
Novos atores, velhas tensões 81
Populismos de esquerda e de direita 88
Valores 92
Paradoxos da liberdade 99
Como será o amanhã 101
O Brasil partido 106

CONCLUSÃO – A LIBERDADE É PLURAL 111

O AUTOR 123

Introdução

"[...] e a alma não pode existir sem sua outra parte que se encontra sempre em um 'você'."

C. G. Jung

Uma convicção pode ser a mais perversa das prisões. Quando o que sei não pode ser questionado, escuto apenas aquilo que confirma o que acredito. O que é diferente recuso. Quando tenho toda a razão e o outro, nenhuma, não existe diálogo. Preso às minhas convicções, reduzo a possibilidade de pensar. Não há como aprender sem estar disposto a mudar de ideia, e para mudar de ideia é preciso aceitar que minha convicção pode estar errada.

Polarização é quando duas convicções opostas ocupam todos os espaços do debate político. Quando a política se transforma em mero embate entre posições que se excluem, sem pontos de encontro nem terreno comum. Quando não há adversário, mas inimigo. As alternativas, aquelas posições que não se encaixam em nenhum dos dois lados, são postergadas ou negadas. O debate se faz impossível. É como se as mensagens transitassem por canais paralelos ou fossem ditas em línguas diferentes: eu falo em aramaico, você responde em sumério. Pior: a língua é a mesma, as palavras são iguais – mas significam coisas diferentes dependendo de quem diz.

Paramos de escutar, não interessam os argumentos. Deixa de importar o que é dito, importa *quem* disse: se foi alguém que é da minha posição, vou defender sem questionar. Mas, se for do outro lado, nego e rebato. Trocam-se palavras de ordem e memes, há menosprezo pelo argumento. Quem não está alinhado com uma das duas posições dominantes não tem voz: o que disser será entendido como apoio ou crítica a um dos dois polos. "Se você não concorda comigo está fazendo o jogo de X". "Você diz isso porque no fundo você é Y". As ideias se impõem por relação de força – não a força da razão, mas a razão da força. Quem grita mais leva. As posições são sempre no branco ou preto, não existem nuances. É a morte das ideias, o fim da inteligência.

O bom senso é a coisa mais bem distribuída do mundo: nunca ninguém reclama de ter recebido pouco, disse o filósofo francês René Descartes no início de seu *Discurso do método*. Com as ideologias ocorre algo semelhante: nunca ninguém se queixa de ter o juízo distorcido pela própria ideologia. O viés ideológico só afeta os outros. Jamais nos questionamos: será que eu também não estou vendo a realidade? E se o que para mim é tão óbvio for produto de uma ideologia que não me permite ver diferente? É tão claro e tão evidente que não há espaço para dúvidas – e isso é muito perigoso.

Pluralismo democrático exige confrontação e debate. Em toda sociedade há necessidades contraditórias que precisam ser resolvidas, e a democracia é o sistema de governo que permite encontrar soluções negociadas aos conflitos. Como se distribui a carga de impostos, que impacta na distribuição da renda; se é direito de uma mulher abortar ou se cabe ao Estado a proteção de um feto; se haverá um pacote de ajuda ao grupo mais prejudicado por uma crise ou se irá se apoiar um setor da economia. É necessário estabelecer prioridades entre atividades essenciais: fazer mais hospitais ou mais escolas, melhorar a infraestrutura logística para exportações, promover a ciência, apoiar o desenvolvimento tecnológico... Sociedades mais maduras têm acordos mais estáveis que aquelas onde as tensões ainda precisam de muitos ajustes. Mas o sistema de regulação da democracia é flexível e instável: as tensões nunca desaparecem e, por isso, novas soluções são sempre necessárias. O debate pode ser acalorado e se fazer visível em ruas ocupadas por manifestantes, em greves e em discussões ou até mesmo brigas entre os representantes eleitos no congresso. Essa fricção permanente, que pode parecer ruído e confusão, é a sustentação que mantém vivas as sociedades democráticas. Onde não há debate, os conflitos foram sepultados por uma força maior: a opressão de uma classe, um modelo de controle político ou ambos os fatores combinados. Por isso, democracias saudáveis são barulhentas e dinâmicas, nunca silenciosas ou estáticas.

Em democracia, o debate ocorre entre adversários, nunca entre inimigos. A diferença é sutil e importante. O inimigo não tem legitimidade, é aquele que deve ser aniquilado para que não me aniquile: a sua existência me ameaça, mas sobretudo ameaça o espaço comum e a possibilidade mesma de debater. Já entre adversários há um acordo de preservação daquilo que é compartilhado, do lugar em que o debate ocorre, e há um reconhecimento recíproco que é anterior às diferenças e que precisa ser mantido.

O debate morre quando é substituído por uma lógica de inimigos que se opõem. A única forma de preservá-lo é não se rendendo a essa lógica binária dos polos opostos, desmontando a armadilha, expondo seu mecanismo e praticando a escuta honesta e a explicação paciente. Não é fácil quando uma força política se define pela morte do diálogo. A sociedade democrática se pergunta: qual o limite da escuta quando o outro quer me calar a qualquer custo? Partidos fascistas usam os mecanismos democráticos para ocupar espaços de poder e, então, minar a democracia de dentro dela. Regimes autoritários nascem e se desenvolvem usufruindo da liberdade de expressar seu ideário de ódio e crescem e se alimentam da polarização. Isso coloca os democratas numa situação paradoxal: a força que ameaça a democracia deve ser contida. O perigo, quando as democracias impõem limites aos autoritários, é se converterem naquilo que estes querem fazer delas.

Uma sociedade polarizada se torna mais burra, mais autoritária, menos democrática. O Brasil é exemplo disso. Um país rachado onde a polarização colocou no poder um governo fascista que hoje a promove e cultiva. O bolsonarismo nasceu da substituição de um debate político plural por uma lógica PT/Anti-PT. O PT era o inimigo que devia ser tirado do poder, sem importar que o preço fosse violentar as instituições ou mesmo votar em um defensor confesso de regimes autoritários. A política passou a se definir por dois polos que atraem e afastam com intensidades semelhantes: PT/Anti-PT ou Bolsonaro/Anti-Bolsonaro. A dinâmica dos uns contra os outros domina. Ficaram para trás o mito do país cordial, a gentileza, a agenda comum capaz de elevar o país ao patamar de uma das grandes nações do planeta. Perderam espaço o diálogo e a concordância. As vozes do meio são abafadas pelos gritos do extremo. Liberou-se uma torrente de ódio, de violência e de intolerância que arrasa com os espaços comuns de pensamento.

O fenômeno não é apenas brasileiro: o mundo foi tomado por posições extremas, toscas e primárias. As explicações e teorias sobre o porquê disso levam em conta vários fatores: a evolução do capitalismo após a queda do muro de Berlim, a mudança nas relações de produção fruto da tecnologia e a precarização dos trabalhadores e dos movimentos operários; o fracasso das promessas de progresso permanente do que se chamou "o sonho americano"; os grandes deslocamentos populacionais e as tensões sociais por eles provocadas em países centrais; a globalização e a entrada em cena de pautas identitárias que questionam modelos e valores tradicionais. Isso tudo alimentando sentimentos de insegurança e frustração, de perda de garantias e de incerteza sobre o futuro. Os fatores são muitos e diferentes teorias abundam. Mas o elemento primordial que ninguém pode ignorar é a comunicação.

A capacidade de pensar e agir coletivamente é um dos grandes diferenciais da espécie. Somos seres comunicantes e nossa vida com os outros está definida pela forma como nos comunicamos, por isso a matéria-prima da política sempre foi a comunicação. Cada avanço nas tecnologias de comunicação teve consequências fortes na forma de organizar as sociedades. Por exemplo, os jornais impressos estão na origem da democracia e o advento da propaganda política está associado ao nascimento do rádio. Mas nunca o papel da comunicação foi tão determinante como é hoje.

Para um cidadão do século XXI, boa parte da vida transcorre no mundo virtual e está ligada às novas tecnologias. Acordamos com o alarme do celular. Consultamos mensagens antes de tomar o café da manhã. Lemos as notícias no *tablet*. Treinamos na academia com os fones de ouvido, olhando para a tela da TV. Fazemos reuniões virtuais. Criamos documentos e os encaminhamos para nossos colegas, clientes, chefes. De carro ou patinete solicitados por aplicativos, chegamos ao restaurante, para ocupar a reserva feita com o atendente virtual. Por uma rede social, compartilhamos fotos de nossa comida enquanto curtimos as paisagens publicadas por amigos e nos alegramos pelos momentos felizes da família. Numa outra rede social, nos indignamos, opinamos, participamos da vida política. Atualizamos nosso perfil profissional acrescentando o curso on-line que acabamos de fazer. Antes de chegar em casa, conectamos os sistemas de luz, som e aquecimento pelo assistente que nos fala e nos escuta. Pedimos comida, transporte, flores de presente... apenas apertando botões virtuais de uma tela tátil. Assistimos a um seriado ou filme. Fazemos amor com música que nos chega por um serviço de *streaming* e dormimos com o som relaxante de um aplicativo de meditação.

Se esse retrato reflete a vida de alguém bastante tecnológico e privilegiado, o impacto das tecnologias de comunicação não é menor no campo, no deserto, nas regiões mais afastadas – talvez seja até maior. Pescadores artesanais têm sua navegação orientada por aplicativos, as previsões meteorológicas por satélite auxiliam os camponeses do altiplano peruano, os massais usam seus smartphones enquanto percorrem com suas vacas as longas distâncias da savana africana. Mais próximos de nossa realidade, entregadores de pizza, motoristas de Uber, professores de ginástica, vendedores, prestadores de serviços domiciliares dependem hoje de dispositivos de comunicação. Não existe atividade humana que não tenha sido alterada pelas novas tecnologias e hoje é inconcebível alguém não possuir um endereço de e-mail, um número de celular ou acesso à rede.

As novas tecnologias da comunicação mudaram radicalmente também a forma de nos relacionarmos com a política. Desde o modo como acompanhamos as notícias – por sites e/ou aplicativos – até os meios disponíveis para manifestar descontentamento ou fazer petições, o mundo digital abriu novas formas de participação e mudou – e está mudando – as regras do jogo de poder. Algumas mudanças foram positivas, outras não. Entre as inovações que a comunicação digital em rede incorporou na política está o ciberpopulismo. A combinação eficiente de técnicas de propaganda do século XX com as possibilidades abertas pela tecnologia no século XXI já mostrou sua capacidade de causar alterações estruturais nos países e na geopolítica.

A base do ciberpopulismo é o populismo, que na essência é um esquema narrativo a serviço da tomada e da manutenção do poder. O modelo é simples: há um inimigo que deve ser derrotado, um povo que deve ser salvo e um líder capaz de fazer isso. No relato populista, quem é o inimigo pode mudar de acordo com a necessidade: podem ser os imigrantes, os judeus, os esquerdistas; ou o império ianque, as oligarquias, o *establishment*... Este relato é antigo e tem servido a muitos demagogos, independentemente da ideologia: o populismo serve bem a governos de direita e de esquerda. Mas ainda que não seja uma ideologia, é filho de uma posição ideológica em que algumas formas da direita se encontram com algumas formas da esquerda: a dos opostos que se excluem, uma visão binária do mundo em que há somente amigos e inimigos. Quem tenta pensar fora dos polos dificilmente será ouvido e certamente não terá espaço nos grandes debates. Em um mundo em preto e branco, não há lugar para o cinza – nem para o rosa, o verde, o azul...

O mantra de um populista é: *nós* temos toda a razão, *eles* não têm nenhuma. Não apenas os populistas pensam assim – mas eles é que fazem desse mantra o sustento de uma forma de fazer política. O contrário do populismo é o pluralismo, a crença de que não há duas visões únicas do mundo. Pluralista é quem entende que a verdade não se obtém derrotando um inimigo, mas que é o resultado de um processo construído a muitas vozes. Ser pluralista é aceitar que a verdade nunca é definitiva, que está sempre em construção. Mentes simples exigem explicações simplistas em que não cabe a complexidade de um mundo cheio de nuanças e em mudança constante. Por isso, o mundo de um democrata é mais rico que o de um populista.

* * *

Este livro se compõe de duas seções. Na primeira, a questão central é a comunicação, como era e como é e de que maneira define nosso comportamento e nosso lugar no mundo como indivíduos e como sociedades. Na segunda, o foco está na construção de uma nova realidade da política a partir do encontro de técnicas muito antigas de conquista do poder com as mais modernas tecnologias da comunicação. Interessam especialmente as consequências, na forma de polarização social e crescimento das posições de extrema direita, e os riscos para a democracia. Por fim, analiso as possíveis saídas para os impasses que nos preocupam: menos democracia, mais intolerância, retrocessos na inteligência e na sabedoria de algumas nações, entre elas o Brasil.

Começo, então, abordando a comunicação humana e sua função na construção dos indivíduos e das sociedades. As teorias da comunicação do século XX, que serviram para entender os meios de comunicação analógicos, não servem para a realidade – dinâmica e muito mais sofisticada – do século XXI. Por isso, recorro a novas ferramentas teóricas, capazes de mostrar como o novo paradigma da comunicação mudou o que é ser humano. *Homo communicans* é um conceito construído com base na Filosofia da Comunicação, com apoio da Antropologia, da Psicologia e da Sociologia.

Para compreender o lugar que ocupam os gigantes tecnológicos da informação e até que ponto eles influenciam o curso do mundo, o livro aborda o nascimento e a evolução do chamado sistema dos *mass media* e sua relação com democracia e capitalismo, além da história da cultura e a teoria dos meios. Analiso a questão também por um ponto de vista mais prático: a experiência de mais de três décadas como jornalista, executivo, consultor e empresário.

Toda a pesquisa sobre a comunicação e como ela define o ser humano, combinada com uma visão estrutural dos meios, permitirá discorrer, em seguida, sobre a democracia em tempos digitais, na segunda seção. Veremos como a comunicação digital em rede se encontra com o antigo populismo para dar lugar a uma ferramenta poderosíssima e perigosa: o ciberpopulismo.

Este livro mostra, finalmente, como a extrema direita abusa das liberdades que a democracia oferece, sempre com um olhar que leva em consideração as consequências da evolução tecnológica.

Algumas questões funcionam como fio condutor e são respondidas ao longo dos capítulos:

- Como entender a comunicação, hoje, na era dos meios digitais?
- De que maneira a nova comunicação influencia como as pessoas se relacionam entre si, pensam e conduzem suas vidas?
- Qual o impacto da comunicação atual nas democracias?
- Qual é hoje o papel dos meios de comunicação (novos e antigos) e dos partidos políticos?
- O que é ciberpopulismo? Como funciona?
- Quais são os novos atores políticos filhos do ciberpopulismo?
- Em que mudou a maneira de votar e qual o papel dos valores nessa mudança?
- Por que o Brasil está polarizado e quais os riscos dessa polarização?
- O ciberpopulismo resulta necessariamente em governos intolerantes e autoritários ou é possível criar alternativas democráticas a partir dele?
- Como sair da armadilha da polarização?

Para chegar às respostas dessas perguntas é necessário mobilizar várias disciplinas e saberes, dada a complexidade do assunto. Somente uma abordagem multidisciplinar e um percurso abrangente permitem dar conta de um fenômeno tão dinâmico e extenso quanto o da comunicação e suas consequências políticas e sociais. O objetivo é que o leitor ou a leitora tenham elementos para formar sua própria visão crítica. Poderá ou não concordar com as conclusões, mas isso não é um problema. A verdade é plural e pontos de vista diferentes enriquecem a nossa compreensão do mundo.

Homo communicans

> *"E eu faço questão de ser no meu*
> *Que cabe tu, e é só teu."*
>
> Anavitória

Subo em um Uber e algo chama a minha atenção: o motorista tem apenas uma perna. Pergunto o que aconteceu e ele, sem se incomodar, conta do acidente, com uma betoneira de cimento, quando era ainda jovem. Relata que viu a perna sendo triturada e que os colegas o resgataram e o levaram para o hospital. Eu explico, então, o motivo de meu interesse: com um filho morto anos atrás, sempre achei que a minha situação era parecida com a de quem perdera uma perna: aprende-se a andar e ainda assim nunca será igual, a vida segue. Falamos sobre a justiça ou não de aquilo ter acontecido com ele ("por que não?", me diz sabiamente), sobre ser diferente, mas ainda assim ser capaz de se casar (duas vezes) e ter filhos (três). A viagem levou mais de uma hora e houve tempo para falarmos sobre aceitação, sobre a escolha de lidar com os fatos mais difíceis sem autocompaixão. Houve muitos pontos de concordância e eu aprendi com a experiência daquele homem.

Costumo conversar com os motoristas, muitas vezes sobre o trânsito ou o clima: é fácil concordar sobre fatos pontuais. A cada dia, eles compartilham as mesmas considerações com passageiros, que são intercambiáveis como as opiniões, que são as mesmas ou muito parecidas. Mas se o assunto recai sobre política ou religião, aumenta a chance de a conversa se tornar menos consensual: podemos estar de acordo que a qualidade dos políticos brasileiros é ruim, mas ele pode defender uma intervenção militar e eu ser a favor de mais democracia. Se a viagem for longa e o espírito, adequado, podemos falar sobre liberdade e justiça – e eventualmente chegarmos a um acordo. Dificilmente serei original: minhas opiniões serão próximas das de outro passageiro, que veio antes ou virá depois de mim. Mas o diálogo com o motorista de uma perna foi diferente.

Algo muito especial aconteceu naquele carro. Cada um foi único, singular, com sua história e suas experiências: o que se chama de comunicação entre existências e encaminha a explicação da primeira das questões deste livro: Como compreender a comunicação na era digital?

Não se tratará ainda de tecnologias digitais ou de redes informáticas. Antes de discutir os meios com os quais nos comunicamos, será necessário entender o que é *se comunicar*. Como e por que a comunicação define aspectos fundamentais da vida e o que é esse milagre pelo qual aquilo que está na minha consciência pode não apenas atravessar as barreiras do tempo e do espaço, mas também e sobretudo as da consciência individual. Para isso a Filosofia da Comunicação desenvolveu definições e modelos que relacionam comunicação com existência: o ser humano é um ser comunicante, a sua existência depende disso.

Comunicação é, então, uma condição do ser humano: não é uma habilidade, não é uma ferramenta, não é um mecanismo. Assim como a liberdade e a história, ela é um dos elementos que fazem do homem, homem. Para que um ser seja considerado humano são necessários alguns elementos: não basta um corpo com certas características, é preciso que tenha capacidade de sentir, pensar e aprender modelos de simbolização e práticas grupais. Todas essas características dependem de uma condição prévia que é a comunicação. É por isso que dizemos que é a comunicação que faz de um homem, homem. Reduzir a comunicação a um modelo de troca de mensagens ou à capacidade da linguagem nos impede de chegar no mais profundo e rico do conceito; a era digital, que levou a comunicação a graus nunca antes conseguidos, exige esse passo atrás para que possamos dar conta da questão.

A comunicação acontece em vários níveis de profundidade. A comunicação existencial, sobre a qual discorrei em breve, é o mais elaborado e profundo dos níveis de comunicação; os outros dois, mais simples, mas não menos necessários, são o empírico e o racional.[1]

A comunicação empírica não questiona os usos, os costumes e as crenças: faço, penso e creio no que todos creem. A consciência individual se confunde com a da sociedade. Já a comunicação racional busca acordos sobre conceitos; é a razão que comanda, já não mais as crenças, os usos e os costumes da sociedade. Trata-se de pensar com os outros por meio da negociação, da argumentação e do diálogo na busca de universalidade: aquilo sobre o que todos poderão estar de acordo, dos números da matemática até as ideias de justiça, valor e dignidade. Há, contudo, sempre espaço para a incerteza, para novos desenvolvimentos da razão e do saber. A comunicação que alcança uma certeza não é verdadeira, porque fecha os espaços que devem permanecer prontos para que a razão do outro, uma outra razão de si, razões novas ou contrapostas, possam acontecer. Nesses dois tipos de comunicação, as pessoas que se comunicam não são realmente importantes: podem ser trocadas por outras. Posso ser eu ou pode ser alguém diferente quem aceita e concorda que 2+2=4, qualquer um pode entender que o livro está acima da mesa e não deve voar ou virar um bicho de fogo. Assim como no banco do Uber os passageiros mudam, mas os comentários são essencialmente os mesmos.

Na comunicação existencial é onde ocorre o verdadeiro encontro, profundo e significativo, entre duas subjetividades. O mais íntimo de duas pessoas, o que poderíamos chamar de alma, que se tocam, se apoiam, contribuem mutuamente a ser. A mãe que ajuda a menina a dar os primeiros passos, o professor guiando a mão do discípulo, os amantes conversando por horas, o casal que chora abraçado ao túmulo do filho. Não se trata de um "eu": é um "tu" e um "nós dois", uma doação de ser que transcende limites e supera distâncias insuperáveis, valha o paradoxo. Não estamos sós, porque há o próximo, aquele que é parte do que somos, aquele que faz a vida conosco. É a comunicação do amor em muitas de suas manifestações possíveis, que acontece em formas de comunicação que não visam ao estado de coisas do mundo nem ao acordo racional sobre conceitos, mas algo que está na matéria mesma do que somos, cada um de nós, como indivíduos.

Sabemos o que comer, como fabricar ferramentas, roupas, remédios, casas por causa da comunicação pragmática. A comunicação racional nos oferece as instituições: governo, justiça, economia, teorias que evoluem e permitem desenvolvimentos técnicos que depois se transformam em comida, ferramentas, roupas, remédios, casas... A comunicação de consciências nos torna pessoas responsáveis, cidadãs, nos permite construir identidades políticas coletivas e conceitos que vão muito além do indivíduo.

A comunicação faz nosso mundo e nos faz pessoas. Isso pode ser compreendido melhor saindo das fronteiras do nosso pensamento ocidental, aquele que conjuga Atenas com Jerusalém e do qual somos herdeiros. Existem outras formas de se aproximar do humano e uma delas, vinda da África, resulta muito pertinente para nossa discussão.

UBUNTU: SOU PORQUE SOMOS

Umuntu ngumuntu ngabantu ("Uma pessoa é uma pessoa por meio de outras pessoas"). Em línguas xhosa e zulu, essa é a definição de *ubuntu*, palavra de origem banto, o grupo de línguas faladas por 350 milhões de pessoas na África ao sul do Equador. *Ubuntu* significa ser com e pelo outro, polidez e cortesia, comunhão e compaixão, cuidado do outro sem descuidar de si. Significa o plural que não exclui o singular e vice-versa. *Ubuntu* é um "nós" elevado à condição de sustento de uma comunidade e de cada um dos seus membros. A personalidade, a moralidade, o ser da pessoa não são inatos: se conquistam pela prática do *ubuntu*, pelo respeito do que é comum.

O *ubuntu* é a capacidade de expressar compaixão, reciprocidade, dignidade e humanidade no interesse de construir e manter comunidades com justiça e cuidado mútuo. A filosofia do *ubuntu* é integrada a todos os aspectos da vida cotidiana, um conceito compartilhado por todas as tribos da África Austral, Central, Ocidental e Oriental entre as pessoas de origem banto. A solidariedade comunitária faz possível suportar o fardo de um ambiente hostil, da fome, do isolamento, da privação e da pobreza. A visão africana da personalidade rejeita a ideia de que uma pessoa possa ser identificada pelas características físicas e psicológicas: exige a interconexão, a humanidade comum e a responsabilidade dos indivíduos entre si.

Não se trata de "penso, logo existo", mas de "sou humano porque pertenço, participo, compartilho". O *ubuntu* defende que as pessoas devem tratar os outros como parte da família humana extensa. Envolve sensibilidade às necessidades dos outros, caridade, simpatia, cuidado, respeito, consideração e bondade. Uma visão da vida e do mundo com base em uma "irmandade universal" sempre presente, ainda quando não seja visível. Todas as facetas da vida são moldadas para abraçar o *ubuntu*, que reflete herança, tradições, cultura, costumes, crenças, sistemas de valores e estruturas familiares ampliadas da África.

Olhando a comunicação pelo prisma do *ubuntu* é fácil compreender que é muito mais do que uma ferramenta: a comunicação nos faz humanos. Por isso, mudanças na maneira de nos comunicarmos têm consequências na política, na religião, na ciência e até mesmo no mais profundo de nossa consciência.

Comunicação é a capacidade de construir saberes plurais e de desenvolver nossa individualidade junto com os outros. Dito de outra maneira: de fazer meu "eu" participar de um "nós". Ou de vários "nós". Sou parte do coletivo dos homens brancos heterossexuais, dos velejadores e dos pesquisadores em Filosofia, dos estudiosos da comunicação, dos brasileiros nascidos fora, dos argentinos que migraram... Coletivos que atravessam as nações e as épocas me aproximam de gente que não conheci nem conhecerei, pois algumas morreram há séculos. Para cada leitor ou leitora é igual: há coletivos que contêm a individualidade e a moldam de certa maneira, mas nunca totalmente; não basta um coletivo para definir uma pessoa.

Todo "eu" emerge de um "nós" ou de uma confluência de vários "nós". Nascido em um momento do mundo e em uma cultura, participo de crenças que chegaram a mim sem que eu as escolhesse ou questionasse. Com o passar do tempo e da experiência, devo fazer as minhas escolhas: descartar algumas crenças e reforçar outras. Assim posso mudar o meu ponto de vista sobre um aspecto da vida, ou decidir entre três, dois ou mais pontos de vista contrapostos ou diferentes.

É fácil compreender esse processo no plano político: nasci em um lar comunista, mas em algum momento da minha adolescência comecei a questionar as crenças e as convicções de meu pai, até constituir as minhas próprias... deixei de me definir, nesse plano, por um "nós" familiar e passei a integrar o "nós" de um outro partido político e de uma outra geração. Ser adulto é se fazer responsável pelas próprias ações, mas ser autônomo é se responsabilizar pelas crenças e convicções. Não é tarefa fácil: nada mais difícil que mudar de ideia; exige muita coragem e muita força. Só os espíritos verdadeiramente livres conseguem, e nunca sem esforço. Exige dar mais peso e mais valor ao próprio olhar que ao olhar dos outros. Mas nunca se trata de um processo solitário: a individuação ocorre sempre no encontro, na relação. Assim, paradoxalmente, para eu ser realmente indivíduo, preciso dos outros.

Saber e crença são conceitos muito próximos, separados por uma fronteira tênue. Um saber é uma crença compartilhada com outros, sem lugar para questionamentos, uma crença estabelecida com valor de verdade para além das dúvidas. Seu fundamento pode ser uma religião (e então se chama fé), uma ciência ou uma tradição. Quando você questiona um saber alheio e diz que é uma crença, costuma receber respostas duras. Se eu colocar em dúvida a santidade do Profeta, corro o risco de ser morto; se duvidar da virgindade de Maria, serei excomungado. Se questionar a autoridade do juiz, serei preso; assim como se decidir sair pelado pelas ruas ou queimar uma bandeira nacional. Dizer "Acho que te amo" não basta à minha namorada: ela precisa *saber*.

Os saberes são tão enraizados que quem acredita neles não consegue imaginar que possam ser questionados: têm valor absoluto. Quando estamos dentro de um saber não nos é dado ver as suas fronteiras, os seus limites. Um exemplo curioso é o do saber científico: quem o pratica muitas vezes não percebe a contradição que há no fato de se acreditar cegamente na ciência e na razão como as únicas possibilidades, inquestionáveis, de se conhecer o real. Como ocorre com uma religião, se eu questionar a infalibilidade de uma ciência, ou os limites da razão, serei taxado de obscurantista. Mas essa mesma ciência pode ter dito o oposto do que ensina hoje, apenas alguns anos atrás.

Antes da revolução copernicana, que deu origem à ciência moderna, era certo crer que a Terra era plana: era um saber, não uma crença, e quem achasse o contrário estava equivocado. A ciência antiga provava com observações as suas teorias, criava modelos, fazia previsões corretas a partir do saber da época; era ciência, havia dados empíricos – e afirmava que a Terra era plana. Hoje surpreende que alguém possa acreditar que a Terra não é esférica: sabemos que ela é. Mas existem os chamados terraplanistas: gente que defende que vivemos em um mundo tão plano quanto a mesa onde eu escrevo. Perante um caso individual de terraplanismo pensamos estar diante de um louco ou um imbecil; mas são milhões (11 milhões apenas no Brasil) as pessoas que compartilham essa crença, gente que tem uma convicção absoluta de seu saber a respeito. Isso significa que há algo de novo acontecendo e devemos prestar atenção. Em que momento os terraplanistas terão direito a exigir que as suas teorias sejam ensinadas nas escolas? Qual o argumento que não seja dogmático para refutar essa exigência? E se eles virarem maioria?

A crença de uns poucos pode se transformar em saber de muitos e isso se chama quebra de paradigma ou revolução. A Revolução Francesa, a abolição da escravatura, a criação da Organização das Nações Unidas e a educação universal são mudanças que nasceram da crença de alguns, levada ao patamar de saber comum depois de muitos esforços, luta e resistência. São casos que mostram a mudança ocorrendo a partir do indivíduo, ou de alguns indivíduos, para o conjunto de uma sociedade ou de uma cultura.

Mudanças nas convicções pessoais também custam trabalho e esforço. Dói deixar para trás uma convicção, pois nossas convicções nos definem e nos estruturam, e quanto mais profundas e arraigadas, mais determinam quem somos. É necessário que o coletivo mude de maneira muito firme para demover algumas pessoas de certas convicções e crenças e muitas vezes, quando isso não ocorre, é preciso haver uma mudança geracional para que a humanidade possa deixar para trás conceitos que precisam ser abandonados. A noção corriqueira de que os jovens querem mudar o mundo e os velhos são conservadores deriva, justamente, dessa dinâmica: uma pessoa mais jovem incorporou na sua formação um número comparativamente maior de crenças renovadas; o estoque de convicções antigas é menor. Mudamos individualmente com os outros, mesmo quando não percebemos, e a nossa mudança pessoal alimenta mudanças maiores, nos coletivos que nos contêm e que ajudamos a construir.

Por isso tudo, o conceito de comunicação é muito mais rico e mais complexo do que o tradicionalmente ensinado nas escolas de jornalismo: um emissor que envia uma mensagem, um receptor que a recebe e a decodifica. Esse modelo simplifica demais um processo complexo, pois foi criado para descrever o que ocorre em aparelhos elétricos, como o telefone, o telégrafo, o rádio, e não para tratar da comunicação humana. O engenheiro Claude Shannon, da companhia telefônica Bell, nos Estados Unidos, descreveu esse modelo numa revista técnica[2] no fim dos anos 1940, para dar conta do funcionamento de aparelhos de comunicação.

Há diferenças relevantes entre o ser humano e o telégrafo ou o rádio. Uma delas é que aparelhos foram concebidos e fabricados com a única finalidade de enviar e receber mensagens, o que não é o caso do ser humano, que nem foi fabricado nem tem uma finalidade prática. O engenheiro teria um problema se o telefone tivesse liberdade; e, diferente de um homem, a história de um aparelho de comunicação se resume a um plano de desenho e um processo de fabricação.

Ainda, quando pensamos a comunicação em termos de dois sujeitos que trocam mensagens, estamos deixando de fora o fato de que é na comunicação que se faz a consciência. Eu escrevo aqui, o leitor lê, a mensagem passa por meio de um código comum... mas se o escritor e o leitor estão aí, é porque antes houve comunicação num sentido bem mais amplo e rico. Foi na comunicação que eles se fizeram, fazendo também este mundo em que coabitam. Quando Descartes diz "Penso, logo existo", já há aí uma consciência, e essa consciência pensa em uma língua e com estruturas que ela não criou e acontecem a partir dessa condição do ser humano que se chama comunicação. A comunicação é anterior à consciência e a produz – o que não é verdade para um telefone ou um rádio, e por isso uma abordagem técnica do humano resulta insuficiente.

A comunicação é o que se chama de "traço existencial": como dizemos, é a comunicação que faz homens e mulheres. É por isso que o *Homo sapiens* é, antes e sobretudo, um *Homo communicans*. E isso é cada vez mais verdadeiro. O que já era um traço original da humanidade foi sistematicamente aperfeiçoado e potencializado como uma habilidade, uma competência diferenciadora que fazemos questão de aprimorar. Assim, ao longo dos séculos, a evolução das técnicas de comunicação tem se acelerado até desaguar neste século XXI, que talvez possa ser definido pelo grau de conectividade alcançado por todos os habitantes do planeta. Não existe área de nossa existência que não tenha sido e esteja sendo alterada pela nova realidade da comunicação humana.

"Sentados nos ombros de gigantes", falavam os homens do Renascimento como reconhecimento da importância da cultura clássica, cujos saberes lhes permitiam olhar mais longe. Eles entenderam que não precisavam começar tudo desde o início, que teriam grandes vantagens em incorporar aquilo que os clássicos tinham desenvolvido e partir daquele ponto. O saber não somente se acumula, ele ganha na pluralidade: cada ser humano contribui com sua parte, pequena ou grande, nessa gigantesca construção multiforme que é a cultura. Quando eu vou escrever um livro sobre comunicação, aqueles que pensaram antes de mim me fornecem uma base a partir da qual posso seguir com a minha própria contribuição. Se o que eu falo é de alguma maneira original ou relevante, então será incorporado nesse saber coletivo para que outros possam, por sua vez, se servir dele. Ter acesso ao saber dos outros é condição para poder contribuir com o saber comum, por isso a circulação das ideias beneficia o conhecimento. As bibliotecas e as universidades foram a materialização desse saber plural: as bibliotecas reunindo o saber acumulado e fazendo com que ele estivesse sempre ao alcance daqueles que necessitassem dele para construir algo novo; as universidades colocando em contato as pessoas para promover transmissão de saberes (mediante as aulas) e construções coletivas (pela pesquisa). Mas não são os únicos casos nem exemplos, apenas os que mais facilmente ilustram o conceito de saber coletivo acumulado e em construção.

A Escola de Sagres transformou Portugal em potência marítima no século XV. Os portugueses conquistaram boa parte do mundo e chegaram ao território do que hoje é o Brasil. Em Sagres, reuniam-se cartógrafos, astrônomos, construtores de navios, navegantes e outros especialistas nas artes que permitiram aos marinhos atravessar oceanos, sair do limite estreito da navegação à vista de costa. Mas a Escola de Sagres nunca existiu como uma entidade formal, um prédio com salas de aula, professores e um currículo. Chamou-se *escola* à concentração de todo esse saber em um só lugar, a vila de Sagres, fundada pelo Infante D. Pedro no Algarve; ao conjunto de conhecimentos sobre os astros, as representações da terra e dos mares, as rotas possíveis e os perigos descobertos, exigências para que um navio fosse capaz de encarar as rotas interoceânicas. Quem sabia disso eram as pessoas que por ali circulavam, era um conhecimento que se difundia, se enriquecia, se multiplicava nas trocas.

Vasco da Gama é lembrado como aquele que conseguiu abrir a rota das especiarias, virando o Cabo da Boa Esperança para chegar à Índia. Mas o relato de sua navegação histórica começa no mínimo 80 anos antes, com as primeiras tentativas de se encontrar uma via navegável em direção ao leste. Muitas pessoas morreram, muitos navios afundaram na construção progressiva de um conhecimento sobre as costas africanas, seus ventos e suas correntezas; esse conhecimento foi sistematicamente alimentando novas cartas náuticas e novos manuais de navegação. Foi graças a essas cartas e esses manuais que Vasco da Gama logrou a façanha que, por sua vez, daria lugar à primeira volta ao mundo, iniciada sob o comando de Fernão de Magalhães e finalizada pelo espanhol Sebastián Elcano. A navegação é um exemplo muito claro de saberes que se sedimentam ao longo dos séculos, desde os tempos dos vikings até a atualidade: de nós e manobras a palavras como iate (de *jacht,* barco em língua viking), a cultura náutica é fortemente alicerçada numa tradição milenar.

Todos os exemplos anteriores falam de comunicação: consciências que se unem para aprender, saberes e ideias que se transmitem, atravessando as fronteiras do individual. A comunicação também evolui pela construção coletiva: condição do ser humano desenvolvida como capacidade, alimenta sua própria dinâmica de crescimento. A técnica tem melhorado e ampliado as possibilidades de nos comunicarmos. Ideogramas e pictogramas, sistemas de transmissão de mensagens sonoras ou visuais à distância, línguas faladas e escritas, processos de reprodução, de armazenamento e de distribuição... A cada progresso das técnicas de suporte à comunicação humana ocorreram mudanças na forma de nos relacionarmos com os outros e com nós mesmos. A imprensa de Gutenberg e a digitalização em rede trouxeram mudanças profundas em nossas vidas, comparáveis com as grandes travessias que levaram a Europa à Ásia, África e América e com o avanço na aviação.

Com cada um desses avanços, o mundo se reduz em distâncias e cresce em riqueza e variedade. Nossa experiência individual se expande além dos horizontes imediatos e nos permite, cada vez mais, ser cidadãos do mundo. Para ser *sapiens,* os humanos necessitam ser *communicans.* O saber coletivo ganha espaço e volume, permitindo a expansão do indivíduo muito além do que era sequer imaginável um século atrás. Isso não necessariamente reflete em cada pessoa: gente burra, tosca e insensível houve e haverá, mas o ser coletivo da humanidade se beneficia diretamente da evolução das possibilidades de comunicação.

A evolução humana se acelera à medida que os instrumentos de cooperação se aperfeiçoam e se fazem acessíveis a mais gente. Uma Escola de Sagres de escala global está instalada: ser *communicans* é cada vez mais o que singulariza o *Homo sapiens.* O *Homo communicans* é, ao mesmo tempo, a origem do *sapiens* e um *sapiens* melhorado, dotado de formas mais eficientes de cooperação.

Herdamos um mundo dos que nos precedem e contribuímos na sua construção em conjunto com aqueles que nos rodeiam. Não podemos fugir desta *corresponsabilidade* pelo mundo: meu agir faz o mundo, ainda que eu não queira ou finja que não sei. Para habitar esse mundo plural, que é de cada um, mas que não é de ninguém de maneira exclusiva, precisamos interpretar. Interpretar o mundo é a forma humana de habitá-lo. Como a aranha tece uma teia para habitar o mundo, nós tecemos interpretações. As interpretações não são apenas individuais: elas vêm com o leite materno, com a cultura que cada um habita, com a língua própria e com os mitos que nos precedem. É isso que nos permite estabelecer os consensos necessários para habitar um mundo comum: a comunicação empírica, para lidar com os aspectos objetivos da vida; a comunicação racional para compreender, para explicar e poder fazer previsões. Já a comunicação existencial busca sentido para as coisas do mundo e para nós mesmos. Comunicação é isso tudo também.

Mas a comunicação tem ainda uma outra função: é a matéria da qual se constrói cada identidade individual. Sou a história que conto a mim mesmo e aos outros sobre mim, diz a Filosofia hermenêutica contemporânea. A identidade é narrativa. Se alguém pergunta "Quem é você?", vou responder com um nome, um sobrenome. Posso mostrar o documento: a foto e a impressão do meu dedo procuram registrar aquilo que não muda. O meu DNA me identifica e há registros notariais com meus dados e a minha assinatura. Mas isso tudo ainda não diz quem eu sou: para isso devo contar uma história. Somente a narração consegue juntar e dar sentido ao conjunto de memórias e vivências, de histórias próprias e alheias que se entrelaçam para constituir esse ser único que posso chamar de eu. Um ser complexo, contraditório, cheio de ambiguidades e áreas obscuras que apenas o enredo da narrativa, do relato, consegue amarrar.

Ninguém conta a própria história sozinho. Seres comunicantes desde o nascimento, dependemos dos outros desde que chegamos ao mundo e seguimos dependendo para estar nele. Não há individualismo que consiga eliminar o que nos une ao resto da humanidade, um conjunto de laços que inclui as histórias e as tradições, a religião, a língua, as escolas de pensamento e as ciências que definem os contornos de nosso canto no universo. Instituições e leis, sistemas de troca e de trabalho, objetos físicos e simbólicos, conjuntos de aprendizados e modelos de justiça, produções culturais e, claro, amizades, família, colegas, chefes, clientes. Os outros estão em cada dimensão possível do meu ser e, mais uma vez, é por isso que comunicação que nos faz humanos.

O eremita carrega o legado de crenças e perguntas que talvez busque responder em seu retiro. O astronauta é levado até sua órbita planetária por uma herança de técnicas e saberes e o velejador solitário é acompanhado pelos milhares de marinheiros anônimos que somaram suas observações nas cartas náuticas e nos livros que hoje o guiam. O tirano isolado na torre de seu palácio, o verdugo que janta sozinho, o depredador das finanças que sobrevoa o mundo num jato feito de suor alheio. O suicida, o autista, o asceta, o iogue, o herói, o Cristo na cruz e o Buda ascendendo, o mártir e o vilão, o *sniper* e o caçador... todos levam consigo um nós, um nós-outros que nada e ninguém pode apagar.

Somos seres plurais e não temos menos necessidade de comunicação que de água, alimentos e oxigênio. Mas vivemos como se isso não fosse verdade. Nosso tempo está marcado pelo império do *cogito* cartesiano ("penso, logo existo") e do individualismo entendido como sinônimo de liberdade. Uma ideia problemática que provoca sofrimento e solidão. Ao eliminarmos a dimensão plural, retiramos um sustento essencial do ser. Andamos mancos quando pretendemos sair ao mundo apoiados apenas no "eu", deixando o "nós" para um segundo plano, convertido em algo menor. A religião, o amor e a amizade são manifestações da necessidade de sermos junto com as outras pessoas. O herói solitário e autônomo é uma ficção que sobrevive apenas num imaginário empobrecido e árido, esquecido do caráter comunicante do ser humano.

Ansiedade, cansaço e insatisfação são marcas de nossa época, do que se conhece como sujeito pós-moderno. A convicção religiosa e a

Filosofia não mais são suficientes para dar respostas aos interrogantes fundamentais sobre o sentido da vida. O capitalismo, na fase atual do consumo exacerbado, usufrui desta falta: nos entupimos de objetos e de grifes para vestir uma imagem, uma máscara que levamos enquanto corremos sem saber muito bem nem de onde saímos nem para onde vamos. Consumindo e construindo uma identidade virtual nas redes sociais, criamos barulho bastante para não ouvir as questões mais profundas que nos angustiam.

O sujeito de nosso tempo está quebrado e perdido. É o sujeito pós-moderno: individualista, não reconhece nas relações interpessoais um lugar seguro para se apoiar; prefere o "eu" ao "nós". Mas ele, sozinho, também não se basta e precisa do olhar dos outros, da aprovação de seus contemporâneos. Egoísta demais para se preocupar com o próximo, ele também não é autossuficiente, e aqueles que o rodeiam são meios para justificar a própria existência.

São os outros que me dizem quem eu sou. É o negócio das redes sociais, onde o olhar alheio e o aplauso ajudam a preencher o vazio da minha alma. Nelas, eu consigo criar uma ilusão de conexão sem precisar realmente me importar, me envolver. Como uma casca que me envolve e me protege, a minha identidade virtual compensa aquilo que falta dentro. Mas o remédio nunca é bastante e a dose precisa sempre aumentar. É o consumismo levado ao terreno existencial mais íntimo.

A comunicação digital em rede potencializou as capacidades de comunicação empírica e racional elevando-as a patamares inimagináveis. Mas a comunicação existencial, a que diz respeito ao nosso ser profundo, não ganha necessariamente com os avanços tecnológicos. Pelo contrário, ela pode ser cerceada e limitada pelo excesso e pelo apressamento, pela simulação de proximidade que as redes sociais fornecem. Vivemos, assim, o paradoxo da des-comunicação existencial acontecendo em um mundo onde as possibilidades de se comunicar (em termos pragmáticos e racionais) são cada vez mais eficientes. Compreender a dinâmica da comunicação, o seu sentido profundo para além da tecnologia, deve ajudar a sair dessa contradição.

O TAMANHO
DO MUNDO

Uma revolução nas comunicações tem o poder de mudar o tamanho do mundo. A imprensa de Gutenberg é o melhor exemplo. Oficialmente inventada em 1440, na cidade alemã de Mogúncia, por Gutenberg, ourives de profissão e pai da ideia de se usarem tipos móveis, fundidos, para imprimir livros. Apenas 40 anos mais tarde já havia tipografias funcionando em mais de 110 cidades em toda a Europa Ocidental. Cerca de 50 anos após o primeiro livro ser impresso, foram produzidas pelo menos 35 mil edições, o que significa 15 milhões de exemplares, talvez até 20 milhões. Numa população europeia de menos de 90 milhões de pessoas, o número é imponente. Entre os anos 1500 e 1600, foram 150 a 200 milhões de exemplares impressos, em 150 a 200 mil edições diferentes. A Igreja logo viu uma oportunidade de ampliar o alcance de suas ideias, tornando a Bíblia acessível a mais gente e não apenas em latim, mas em línguas vernáculas. Mais da metade dos livros impressos no século XV eram religiosos. Mas já no século seguinte eram menos de um terço.

Antes da prensa, os livros eram copiados à mão, por copistas, normalmente em mosteiros. Cada livro tinha um valor (e um custo) muito grande, pois eram escassos, e um pesquisador precisava se deslocar grandes distâncias para ler um texto. Se hoje isso seria uma complicação, pense no que ocorria à época. A maneira mais prática de atravessar o continente era a cavalo, melhor mesmo do que de carroça ou outro veículo com rodas, por causa do estado das estradas. Quem não tinha cavalo, caminhava. Mosteiros, hospícios, pousadas e albergues recebiam os peregrinos, mas não era incomum dormir ao ar livre. Havia assaltantes, então melhor viajar acompanhado. Um pequeno grupo com bons cavalos poderia se mover até 50 km em um único dia, mas um grupo maior que incluía animais de carga, um carrinho ou viajantes a pé poderia fazer no máximo metade dessa distância.

Com a prensa e as grandes navegações, os limites dos europeus se alargavam e o saber ficava mais próximo.

Pulemos agora ao século XX. Os transportes e a tecnologia da comunicação também alteraram a nossa relação com o espaço. Primeiro, pelos navios a motor, que fizeram com que uma viagem de navio entre Porto e o Rio de Janeiro, que antes exigia de 45 a 60 dias, fosse realizada em 20 dias ou até mesmo 15. Mas coube à aviação comercial encurtar as distâncias e reduzir os tempos de deslocamento de maneira drástica. Em 1919 foi criada a primeira companhia de transporte aéreo do mundo, a holandesa KLM; e no Brasil, em 1933, a Vasp (Viação Aérea São Paulo) fez suas primeiras viagens ao interior, estabelecendo a rota entre Rio e São Paulo em 1936.

A comunicação digital em rede também reduziu as distâncias e encurtou os tempos. Aumentou o número de nossas interações com pares. Nos aproximou de pessoas que já eram queridas, mas com as quais a comunicação era esparsa. Grupos de WhatsApp mantêm cotidianamente em contato irmãos que moram longe, filhos, amigos espalhados pelo planeta. Ajudam pesquisadores a encontrar bibliografia, trocar ideias, aprender melhor, pensar juntos. Organizam mobilizações, derrubam políticos, condenam pedófilos, promovem mudanças sociais. No total, os usuários de redes sociais somam 3,6 bilhões em 2021 e devem chegar a 4,4 bilhões até 2025. Aplicativos de mensagens estão se fazendo ubíquos. Os números de WhatsApp são impressionantes: em 2020, a rede possuía 1,5 bilhão de usuários no mundo, com mais de 1 milhão somando-se a cada dia; e o Brasil era o segundo país com o maior número de usuários: 120 milhões, só atrás dos 200 milhões da Índia. Messenger tinha 1,3 bilhão de usuários no globo e Wechat 1,2 bilhão.

Para compreender a comunicação na era digital é necessário, como vimos, deixar de lado os modelos usados no século XX, quando a comunicação ainda era analógica. Nosso foco não é a tecnologia em si, e sim o lugar que a comunicação ocupa na vida dos homens. Afinal, a comunicação é um traço existencial do ser humano, algo que nos define como espécie. Somente assim conseguimos compreender a relevância que têm as mudanças tecnológicas nos meios de comunicação das últimas décadas e por que alteraram e estão alterando todos os aspectos da nossa vida.

O NOVO ECOSSISTEMA
DA MÍDIA

> Toda mídia opera sobre nós de uma forma total. Os meios têm consequências pessoais, políticas, econômicas, estéticas, psicológicas, morais, éticas e sociais tão intensas que não deixam nenhuma parte nossa intocada, não afetada, inalterada. O meio é a mensagem. É impossível qualquer compreensão sobre mudanças sociais e culturais sem um conhecimento do modo como a mídia funciona como contexto.[3]

Marshall McLuhan[4] publicou *O meio é a mensagem* em 1967. À época, muitos alertavam sobre o risco dos *mass media*, os meios de massa, que estariam destruindo a essência do ser humano, dominando populações inteiras e causando danos irreversíveis na capacidade de pensamento, aprendizagem e de relacionamento. Seria o fim da família, que tinha trocado o almoço à volta da mesa por um minipúblico abstraído, passivo e silencioso diante da TV. O cérebro das crianças estaria sendo moldado com ideologias ocultas por algo tão aparentemente inofensivo como os gibis do Pato Donald.

Mas existia o outro lado, o dos entusiasmados por uma nova era da humanidade, que iria expandir seus limites graças aos meios de comunicação. A liberdade de expressão, nessa visão otimista, alimentaria as democracias em boa parte do planeta enquanto as feridas da Segunda Guerra saravam. O jornalismo independente e de qualidade funcionaria como um eficiente contrapoder disposto a denunciar abusos do Estado. Grandes negócios eram construídos em conglomerados de mídia, de dimensão muitas vezes nacional, e sempre com missão civilizatória. TV, rádio, jornais, revistas criavam consenso sobre os grandes temas nacionais, levavam educação, entretenimento e informação em milhões de lares. Uma visão idílica na qual mídia, progresso e democracia andavam de mãos dadas sob os céus do mundo livre.

Foi Umberto Eco[5] quem deu a definição perfeita de como se vivia o momento no seu livro *Apocalípticos e integrados*, de 1964. Os apocalípticos apresentam os *mass media* como os grandes vilões que ameaçam a humanidade e que eles, alçando-se sobre a massa dos alienados como super-homens, irão denunciar e combater. Já os integrados não criticam: eles vivem sem questionar aquilo que se chamou de "indústria cultural", o conjunto de produções de arte e entretenimento sob o modelo de consumo.

Muito daquilo que se vivia em meados do século XX continua vigente, reforçado pelo avanço da tecnologia e a aceleração do consumo. A imagem do Apocalipse é até mais forte agora, quando a ciência mostra como a atividade humana pode acabar com a vida no planeta sem necessidade de bombas atômicas. A cultura, a liberdade e a democracia são ameaçadas por correntes obscurantistas e a técnica e a comunicação são elementos centrais em qualquer distopia. Como na década de 1960, hoje há apocalípticos que veem aqueles movimentos se repetindo. Antes era com a TV, hoje nos inquietamos com a desconexão entre pessoas que jantam juntas olhando para as telas dos respectivos celulares: vivemos isolados em um mundo hiperconectado. E somos espionados pelas máquinas. Trocamos nossa intimidade pelo conforto das novas tecnologias: comandos por voz, mapas inteligentes, conversas instantâneas ao redor do planeta, serviços de delivery. Estamos aceitando a perda da liberdade de maneira gradual e constante.

O microfone nos escuta, as palavras são interpretadas por um algoritmo capaz de detectar necessidades para fazer um anúncio pular na nossa frente, oferecendo aquele produto sobre o qual acabamos de conversar em roda de amigos. Isso é possível? A tecnologia está pronta. Que exista de maneira maciça, depende da viabilidade econômica da operação. O Gmail sugere respostas às mensagens que recebemos e oferece produtos e serviços vinculados ao conteúdo de trocas pessoais. Alguém olha por cima de nosso ombro, lê tudo o que escrevemos, escuta tudo o que falamos, nos enxerga por uma câmera sem nossa autorização... e lidamos com isso de maneira pacífica.

Os otimistas têm boas razões para acreditar que a revolução digital vem para fazer nossa vida melhor. Quem pode discutir os benefícios da educação a distância? Do compartilhamento de conhecimentos que o acesso a bibliotecas e o trabalho de equipes remotas permite? O fenômeno tem muitos pontos em comum com aquilo que acontecera com a imprensa de Gutenberg, quando a produção e o armazenamento de informações fizeram-se mais baratos.

A mudança vem de dois fatores que se complementam: de um lado, o armazenamento e a produção em suporte digital; do outro, sua distribuição em rede. Com isso, o volume de informações geradas dobra a cada dois anos, e a estimativa é que já tenhamos produzido juntos, entre fotos de celular, documentos digitalizados, e-mails, mensagens de texto, música, filmes, mais de 44 zettabytes. Mais do que os 42 zettabytes onde cabem todas as palavras faladas desde o início da fala humana, gravadas em formato digital. Em um dia são enviados 500 milhões de tweets, postadas 52 milhões de fotos no Instagram, feitas quase 6 bilhões de buscas no Google. Mais de 2,6 bilhões de pessoas (um terço da população mundial) possuem contas ativas no Facebook. Trata-se de um novo dilúvio, diz o pesquisador francês Pierre Lévy.

> Durante uma entrevista nos anos 50, Albert Einstein declarou que três grandes bombas haviam explodido durante o século XX: a bomba demográfica, a bomba atômica e a bomba das telecomunicações. Aquilo que Einstein chamou de bomba das telecomunicações foi chamado por Roy Ascott (um dos pioneiros e principais teóricos da arte em rede) de segundo dilúvio, o das informações. As telecomunicações geram esse novo dilúvio por conta da natureza exponencial, explosiva e caótica de seu crescimento. A quantidade bruta de dados disponíveis se multiplica e se acelera. A densidade dos links entre as informações aumenta vertiginosamente nos bancos de dados, nos hipertextos e nas redes. Os contatos transversais entre os indivíduos proliferam de forma anárquica. É o transbordamento caótico das informações, a inundação de dados, as águas tumultuosas e os turbilhões da comunicação, a cacofonia e o psitacismo ensurdecedor das mídias, a guerra das imagens, as propagandas e as contrapropagandas, a confusão dos espíritos.[6]

Lévy é o criador de conceitos úteis para pensar na nova realidade da comunicação. Ciberespaço, por exemplo: não é apenas a infraestrutura material da comunicação digital, mas sobretudo o universo de informações que nela transitam, assim como os seres humanos que navegam e alimentam esse universo. Cibercultura: o conjunto de técnicas materiais e intelectuais, práticas, atitudes, modos de pensamento e valores que se desenvolvem juntamente com o crescimento do ciberespaço. Vivemos, diz Lévy, um processo de universalização da cibercultura, pois estamos mais e mais imersos nas novas relações de comunicação e produção de conhecimento que ela nos oferece. É a virtualização, entendida não como oposição ao real ou ao material, mas como uma nova forma de se conceber o real, um real desterritorializado.

O ciberespaço cresce de maneira constante, orientado por três princípios: a interconexão, a criação de comunidades virtuais e a inteligência coletiva. Comunidades virtuais "são construídas sobre afinidades de interesses e de conhecimentos, sobre projetos, em um processo mútuo de cooperação e troca".[7] A inteligência coletiva surge da colaboração de um grande número de indivíduos. "É uma inteligência distribuída por toda parte, na qual todo o saber está na humanidade, já que, ninguém sabe tudo, porém todos sabem alguma coisa".[8] Raciocínio, memória e imaginação, funções cognitivas do ser humano, ampliam-se e exteriorizam-se, e esse é o grande poder da nova realidade do saber humano. Que esse poder seja usado para o bem ou para o mal já se trata de outra discussão.

Do ponto de vista dos consumidores e dos usuários, a primeira vantagem é uma maior facilidade de acesso a informações outrora distantes, mesmo inatingíveis. Qualquer pesquisador com uma habilidade mínima é capaz de reunir em umas poucas horas mais material sobre o assunto de seu interesse do que seria possível depois de anos de árdua garimpagem no século XX. Mas quantidade não é necessariamente qualidade e a dificuldade é, hoje, separar o que presta do que não passa de lixo, ou propaganda, ou *copy-paste* de trabalhos sérios.

Fake news não são privilégio do jornalismo. Existe um mundo lucrativo de falsas publicações científicas. *Journal of Economics and Finance* é uma revista de seriedade inquestionável onde é difícil ser publicado. Então, alguém criou o *Journal of Finance and Economics,* que não passa de um engodo; o objetivo é cobrar de pesquisadores que não são aceitos no primeiro. Alguns aceitam pagar por estarem desavisados, outros porque precisam, de qualquer jeito, aparecer em publicações científicas (ou "científicas"). E o negócio rende: há mais cópias desse tipo do que publicações científicas sérias. Pense no dano que ele pode fazer quando um médico incauto usa um artigo feito por um pesquisador incompetente e publicado em um periódico de aparência séria.

As falsas revistas científicas deturpam o modelo do movimento *Open Access*, literalmente "acesso aberto", que busca facilitar a disseminação e o acesso a conteúdos científicos. Um dos objetivos do movimento é desenvolver meios e formas para avaliar contribuições em acesso livre e jornais on-line de forma a assegurar os padrões de qualidade e as boas práticas científicas, para que as publicações em acesso livre sejam reconhecidas para efeitos de avaliação e progressão acadêmica. Isso claramente põe em xeque as editoras que vivem dos altos preços que cobram pelas publicações acadêmicas.

TIRANOSSAURO REX 2.0

O caso das revistas científicas é exemplar da forma como a nova tecnologia, somada à globalização, mudou o sistema dos meios de comunicação de massa. O jornalismo mudou de cara e de local, de velocidade e de função na construção de uma opinião pública e na sua relação com a sociedade e com o poder. Publicações que eram referências inquestionáveis sumiram ou sofrem para ainda ser ouvidas: são os tiranossauros rex da mídia, que têm sua primazia questionada. Estamos presenciando uma metamorfose em tempo real e, ainda que algumas tendências sejam claras, seria ousado demais vaticinar a configuração final.

Meios, anunciantes, agências, veículos, distribuidores, consumidores e outros formam o que se chama de sistema complexo. Um sistema complexo é composto de partes que interagem e que nessa interação geram novas qualidades no comportamento coletivo. São difíceis de estudar porque seu comportamento não é previsível a partir do conhecimento das partes: quando elas interagem, surge o novo, o inesperado. Mais e mais cientistas estão aplicando a noção de sistemas complexos para o estudo de áreas da sociedade, a economia, a consciência, as empresas.

Ecossistemas também são sistemas complexos, e podemos pensar o conjunto dos meios de comunicação como um ecossistema. Nele cada agente tem sua função, em equilíbrios dinâmicos e instáveis, mas que em situação normal seguem certo padrão previsível. Há os grandes predadores onívoros, os exploradores de nichos e os pequenos herbívoros, há uma cadeia de energia que circula entre audiências e receitas publicitárias, em construção de marcas e de hábitos de consumo de informação, educação e entretenimento. Até que um dilúvio arrasa com tudo o que era normal e instala algo novo, e cada uma das partes deve se reacomodar a novas funções, entre outras coisas, pela interação com os outros agentes.

Uma publicação periódica sobre assuntos atuais, que aparece em intervalos curtos o bastante para que os leitores se mantenham a par das notícias: isso é um jornal. O primeiro foi o de Johann Carolus: *Relation aller Fürnemmen und Gedenckwürdigen Historien* (Relação de Todas as Notícias Distintas e Comemoráveis), publicado em Estrasburgo em 1605. Carolus vivia até então de distribuir, entre cidadãos ricos, notícias copiadas à mão em folhas de papel. Se a necessidade criou demanda e a inteligência um serviço, a inovação técnica permitiu escalar o negócio e alcançar um público bastante maior. Numa carta feita aos seus leitores, Carolus descreve o processo de nascimento do jornal:

> Visto que até agora distribuí os conselhos semanais de notícias (boletins de notícias manuscritos) em troca de um valor, mas como as cópias eram lentas e levavam necessariamente muito tempo e visto que adquiri recentemente a um preço alto e dispendioso a antiga oficina de impressão do falecido Thomas Jobin, e a coloquei e instalei em minha casa, com não pouca despesa, para ganhar tempo, e desde há várias semanas, e agora pela décima segunda ocasião, estabeleci, imprimi e publiquei o referido conselho em minha oficina de impressão, mas ainda não sem muito esforço, na medida em que em todas as ocasiões tive que remover os tipos das prensas [...].[9]

A inovação se espalhou rapidamente pela Europa. Em 1610, parece ter havido um semanário impresso na cidade de Basileia e até 1620 já havia jornais em Frankfurt, Viena, Hamburgo, Berlim, Amsterdã e Antuérpia. O primeiro jornal semanal impresso na Inglaterra apareceu em 1621. A França não produziu nenhum por conta própria até 1631, mas os editores de Amsterdã já exportavam semanários em francês e inglês desde 1620. O primeiro semanário impresso da Itália apareceu o mais tardar em 1639, e na Espanha em 1641.

Com a Revolução Industrial e o aumento da atividade econômica nas metrópoles, os jornais cresceram. O diário *The Times*, de Londres, vendia mais de 10 mil exemplares em 1830, em uma cidade de 2 milhões de habitantes; em 1855, a tiragem estava em quase 60 mil exemplares. Foi então que o imposto sobre a impressão e o papel, considerado por seus detratores uma barreira ao acesso ao saber, foi revogado, liberando a proliferação de jornais menores. Em 1864, havia 96 diários de província na Inglaterra, e Londres contava com 18. Edward Baines, proprietário do liberal *Leeds Mercury*, proclamava orgulhoso que, de um total anual de 546 milhões de cópias de jornais, 340 milhões eram de órgãos da província.

Nos Estados Unidos, o *The Sun* nasceu em 1833 e cinco anos depois já vendia 34 mil cópias, principalmente nas esquinas de Nova York. O *New York Herald* foi lançado em 1835 por Gordon Bennet, que declarava que a sua missão era fazer da imprensa escrita o grande órgão e pivô do governo, sociedade, comércio, finanças, religião e de toda a civilização humana.

O *Tribune*, lançado em 1824, incluía artigos enviados da Europa por Karl Marx e excluía algumas notícias nacionais, recusando-se a imprimir detalhes sobre crimes, reportagens sobre julgamentos e peças de teatro. Considerava-se o "grande órgão moral" e se acreditava autossuficiente no suprimento de notícias. Nascia o jornalismo que iria se consagrar como modelo da grande imprensa norte-americana. Um impulso grande nesse sentido foi o surgimento, em 1851, do *The New York Times*, "um jornal sensato e sensível", fundado por Henry Raymond com a missão de diferenciar claramente "notícias" de "pontos de vista". "Nós não acreditamos que cada coisa na sociedade seja completamente certa ou errada; desejamos preservar e melhorar o que é bom; e exterminar e reformar o que é ruim", dizia seu fundador.

Nesse contexto, a imprensa já estava ciente da própria importância e se colocava num lugar central em relação ao poder, um ponto de equilíbrio entre poder econômico e poder político. Mostra disso é a postura do acadêmico, jornalista e político inglês, o teórico do liberalismo Leonard Trelawny Hobhouse, que exigia da imprensa cumprir sua missão de ser um "órgão da democracia" e criticava o "monopólio de alguns homens ricos" em que ela vinha se tornando.

Na Inglaterra, o *Westminster Review*, fundado em 1842, descreve os jornais como: "os melhores e mais confiáveis civilizadores do país. Contêm em si mesmos, além dos elementos do conhecimento, os incentivos para aprender. É preciso ver um povo que não tenha sido atingido pelos jornais para conhecer a quantidade de preconceitos que esses produtos dissipam instantânea e necessariamente".

O *Times*, dominante na imprensa em Londres, se considerava um "quarto poder". Não há consenso sobre a origem dessa expressão, empregada para descrever a importância da mídia no jogo democrático e para defender a independência do jornalismo. Foi usada por um parlamentar, Edmund Burke, em um debate, em 1787. A expressão "quarto Estado" (traduzida a outras línguas como quarto poder) serviu de título de um livro sobre a imprensa britânica, publicado em 1850 pelo jornalista Frederick Knight Hunt: *The Fourth Estate: Contributions towards a History of Newspapers and of the Liberty of the Press* (O quarto Estado: contribuições para uma História dos jornais e da liberdade de imprensa).

Independentemente da sua origem, a expressão reflete uma visão sobre a imprensa que imperou ao longo de boa parte do século XX e ainda guarda sentido. Oscar Wilde, em um libelo publicado em 1891 sob o título *The Soul of Man Under Socialism* (A alma do homem sob o socialismo), escreveu que o poder do jornalismo era excessivo. Hoje, autores como o sociólogo francês Ignacio Ramonet defendem a necessidade de um quinto poder, capaz de se contrapor ao "poder sem contrapoder" da mídia excessivamente concentrada.

A relação entre os meios de comunicação e o poder foi assunto de debate e preocupação em boa parte do século XX. As duas Grandes Guerras e o advento primeiro do rádio e em sequência da TV despertaram o interesse de alguns teóricos e críticos da Alemanha, que viram no fenômeno que começou a ser chamado de *media*, ou de *mass media*, um método de manutenção do *status quo*, de relações de dominação ideológica. Nasceram os conceitos de opinião pública e de indústria cultural. Na França, falava-se da "sociedade do espetáculo": a multiplicação de imagens e ícones pelos meios de comunicação de massa.

Mais otimista que seus pares europeus, o canadense Marshall McLuhan cunhou a noção de "aldeia global": o mundo tornava-se cada vez menor; a comunicação entre os homens mais rápida e fácil; as fronteiras deixavam de existir; e os regionalismos e culturas nacionais já não eram considerados empecilhos para a comunicação. Seus escritos dos anos 1960 e 1970 parecem estar falando de nossa época. Ideias, padrões e valores socioculturais e imaginários formariam um sistema comunicacional capaz de moldar uma cultura de massa, de constituir um mercado de bens culturais e universos de signos e símbolos, um conjunto de linguagens e significados que povoam o modo pelo qual uns e outros se situam no mundo, ou pensam, imaginam, sentem e agem.

Se o trabalho de McLuhan impressiona pela capacidade de antecipar muito do que estamos vivendo, o que dizer do cientista e inventor Nikola Tesla, norte-americano nascido na atual Croácia, que declarou em uma entrevista em 1926:

> Quando a tecnologia sem fio for aplicada perfeitamente, toda a Terra será convertida em um cérebro enorme, o que de fato é, todas as coisas sendo partículas de um todo real e rítmico. Poderão se comunicar instantaneamente, independentemente da distância. Não apenas isso, mas através da televisão e da telefonia veremos e ouviremos perfeitamente como se estivéssemos cara a cara, apesar das distâncias intermediárias de milhares de quilômetros; os instrumentos através dos quais poderemos fazer isso serão incrivelmente simples em comparação com o nosso telefone atual. Um homem será capaz de carregar um no bolso do colete.[10]

DESTINOS
EM XEQUE

O sistema dos meios de massa tem uma origem comum, em tempo e espaço, com a democracia representativa e com o sistema capitalista. As primeiras publicações periódicas nascem com o objetivo de facilitar a vida de comerciantes, industriais e, de modo geral, agentes econômicos de uma nova ordem. Os meios de comunicação ganharam espaço e cumpriram uma função: ser o contrapoder do Estado, em mãos privadas. Olhar atento e crítico, capaz de detectar desvios daquilo que a sociedade considerava correto de seus governantes, em respeito às regras não escritas que preservam a nação e a democracia. E até mesmo as regras escritas: vide as denúncias do *Washington Post* que acabaram derrubando o então homem mais poderoso do planeta, o presidente dos Estados Unidos Richard Nixon. Num jogo de contrapesos, ao Estado cabia o papel de controlar a imprensa nos limites permissíveis: por exemplo, evitando concentração excessiva ou monopólio, por meio de leis antitruste. Os Estados nacionais são donos das frequências que as TVs, muitas vezes críticas, usam para difundir seus conteúdos: um governo autoritário poderia cair na tentação de ameaçar a não renovação de uma licença de uso de frequência caso a imprensa o incomode.

Foram vários os motivos que fizeram ruir o negócio dos meios tradicionais: jornal, revista, rádio, TV aberta. Em primeiro lugar, a mudança de hábito das pessoas, que passaram a ocupar mais tempo em redes sociais e menos nas páginas de uma revista, ou começaram a ler as notícias na internet ou no celular e deixaram de comprar o jornal ou de ligar a TV para assistir ao noticiário. Quem tinha um Fusca nos anos 1970 podia ler a revista *Quatro Rodas*, e se ele fosse corintiano teria a revista *Placar*; hoje, existem sites e blogs sobre cada modelo e marca de carro e um número incalculável de publicações para os torcedores de futebol. Cada interesse humano tem canais onde é possível encontrar informações e opiniões. Acompanhando os usuários, a verba publicitária também deixou os meios tradicionais, e os anunciantes descobriram que as redes sociais e os mecanismos de busca são ferramentas poderosíssimas de venda.

Com a globalização, surgiram grupos empresariais multimídia que produzem e distribuem informações e entretenimento global, interpretam os fatos e distribuem uma visão única em escala planetária. No mesmo meio físico (fios, cabos, ondas), transportam-se serviços que antes eram separados. Já não apenas TV, rádio, imprensa, tudo acontece no digital: tem teatro e concertos, cursos, encontros, congressos, namoros... Muitas atividades que antes eram regionais e independentes foram engolidas pelo novo modelo, outras reforçaram a sua especialização, e também surgiram modalidades novas, sequer imagináveis antes.

Estamos perto demais da mudança, ela nos envolve de maneira que custa compreendê-la em toda a sua dimensão e nas suas contradições. De um lado, vemos maior liberdade do indivíduo, mas há também mecanismos de vigilância e controle sem precedentes. Há um acesso mais fácil à participação política, novas vozes podem ser ouvidas e surgem atores novos na cena da democracia, mas por outro lado vemos uma polarização instalada e crescente que apaga as sutilezas e as posições divergentes. Qualquer pessoa, sem necessidade de talento, pode se expressar na rede, construir seu meio de comunicação, produzir vídeos ou músicas e colocá-los ao alcance de milhões. Assim, há espaço para uma variedade maior de pontos de vista, mas o poder para determinar interpretações nunca foi tão forte nem tão concentrado. Todos podemos montar um negócio sem grande capital e ocupar um lugar no mercado, mas, na outra ponta, a economia de algumas corporações midiáticas movimenta mais dinheiro do que a maioria dos países.

USUÁRIO OU PRODUTO?

O inseto olha ao alto para a lupa gigantesca e se maravilha com a amplitude de sua visão; ele não tem ciência daquele olho que o observa, acha-se observador, não observado. Algo semelhante acontece conosco na frente de uma tela. Quando assisto a um vídeo na rede, leio uma matéria ou dou *like* em uma foto, estou deixando uma pegada digital que me identifica e que, somada e conjugada com muitas outras, traça percursos e uma silhueta, a minha silhueta, que será preenchida por novas interações on-line e off-line.

Com técnicas simples e hoje baratas, é possível acompanhar as atividades de cada pessoa na internet, conhecer no detalhe e com precisão o tempo dedicado a cada texto, foto ou vídeo. Existem empresas que se dedicam a colher e processar essas informações, classificar os comportamentos e, com a ajuda de modelos estatísticos, fazer predições e direcionar os anúncios para aquelas pessoas que têm mais propensão a se interessar por um produto ou serviço, saber se o anúncio foi efetivamente visto e até se gerou uma venda. O Facebook constrói esses modelos a partir do muito que sabe sobre nossos gostos – o que descobre acompanhando *likes*, os nossos posts, os amigos que temos. O Google faz algo semelhante pelo histórico de busca, os e-mails que enviamos, os lugares que visitamos, as compras que fazemos.

No universo complexo e caótico das empresas de marketing digital, Google e Facebook são as mais visíveis, além de maiores e mais ricas. O sucesso dessas operações baseia-se no "efeito de rede de dados", uma espiral onde o crescimento gera mais crescimento. Informações servem para atrair usuários que por sua vez geram novos dados que permitem melhorar os serviços e por consequência a atrair ainda mais usuários. Quanto mais as pessoas escrevem comentários, dão like em postagens e se envolvem com a rede social, mais as empresas aprendem sobre elas e mais direcionados se tornam os anúncios. Da mesma forma, quanto mais pesquisas no Google, melhores são os resultados. A consequência é que as empresas grandes ficam maiores e tendem a acabar com a concorrência.

Há operações digitais de todos os tamanhos, algumas sérias e bem-intencionadas, e outras cujos propósitos, métodos e donos permanecem ocultos. Invisíveis para os usuários e muitas vezes conectadas com operações legais, muitas vivem de um tráfego de informações onde tudo vale. O cruzamento entre bases de dados legais com muitas obtidas ilegalmente pode enriquecer as informações colhidas dentro dos termos que a lei indica – e as leis andam sempre correndo atrás do prejuízo, porque a tecnologia avança rápido demais e com ela os modelos de negócio que precisam ser policiados.

A massa de dados acumulados e processados é descomunal e tem um valor difícil de dimensionar. Há quem diga que os dados são o novo petróleo. Talvez mais que petróleo, pois não se trata apenas de dinheiro: o acesso a dados e o entendimento sobre o que fazer com eles é a nova forma do poder. Existem iniciativas que buscam devolver aos usuários parte do valor que eles mesmos geram nas redes on-line, com uma taxa que permita um pagamento anual pelos dados fornecidos. Algo semelhante ao que ocorre no Alasca com o petróleo, onde cada habitante recebe U$ 1.500 ao ano pelo que lhe corresponde nas licenças de extração nas terras do Estado. Alguns economistas calculam que o valor dos dados poderia superar os U$ 6.600 anuais *per capita*.

O primeiro e principal uso dos dados é publicitário: vender bens e serviços de maneira mais eficiente. Chegar na pessoa certa, no momento certo e com a mensagem certa permite aumentar o retorno dos investimentos. Essa é a base da segmentação, princípio básico da publicidade, muito anterior à internet. Assim, por exemplo, uma campanha orientada a vender um carro adequado aos jovens irá aparecer em meios que atraem estes usuários. Mas, se conseguir detectar quais deles têm dinheiro, vontade ou necessidade de comprar, então as mensagens serão dirigidas a estes em particular, e não aos jovens em geral. Entre os compradores potenciais haverá quem prefira carros mais luxuosos, outros escolhem modelos com preocupação ambiental. São vários os critérios possíveis para uma segmentação: podem ser demográficos – idade, tipo de emprego, gênero, escolaridade –, geográficos e comportamentais – preferência política, crença religiosa, práticas esportivas. A publicidade digital oferece precisão inédita: a microssegmentação consegue ir além desses critérios e segue de perto a jornada do internauta, detecta padrões de comportamento, que então cruza com bancos de dados, vinculando os perfis dos usuários com atividades que indicam predisposição à compra – e é aí que ganha um poder extraordinário.

Os dados on-line ajudam a vender de maneira mais eficiente, e por isso valem muito. GAFAM é o acrônimo para se referir às cinco empresas digitais mais valiosas do mundo: Google (controlada pela Alphabet), Amazon, Facebook, Apple e Microsoft. Essas organizações também são conhecidas como as *big five*.

A Amazon fatura a metade de todos os dólares gastos on-line nos Estados Unidos. Google e Facebook dominam a receita global de publicidade. Em 2018, a Alphabet faturou US$ 136,8 bilhões, o Facebook, quase 56 bilhões, a Microsoft US$ 110 bilhões e a Apple US$ 265 bilhões. Em um único ano, o faturamento das cinco empresas reunidas cresceu mais de US$ 801,5 bilhões, e seus lucros bateram em US$ 140 bilhões. O valor de mercado das cinco somadas é maior que o PIB de todas as economias do mundo, exceto três: EUA, China e Japão. Pelo faturamento de um ano, seriam a vigésima economia do mundo.

As informações pessoais que essas empresas coletam, armazenam e processam diariamente não estão apenas disponíveis para mensagens publicitárias. Esses dados podem ser transformados em vários serviços de inteligência artificial, capazes de gerar novos ingressos. Lembre-se: quando um serviço on-line é grátis, você não é cliente, você é produto. Hoje, o foco de cada uma dessas cinco empresas dominantes é diferente e tem a ver com suas origens. Para três delas, nós somos principalmente clientes: Amazon, Microsoft e Apple. Mas para o Google e, sobretudo, o Facebook, nós somos o produto.

Há uma corrida por novas fontes de dados sobre o comportamento das pessoas. Por exemplo, como compramos e lidamos com dinheiro. O Google trabalha com o Citigroup num projeto chamado Cache, o qual alimenta a inteligência da empresa com nomes e detalhes completos de milhões de correntistas. Facebook teve de adiar, mas certamente não abandonou, o projeto de ter a sua própria moeda digital, enquanto a Apple lançou um cartão de crédito e a Amazon busca parcerias com bancos para oferecer contas pessoais a seus clientes, com benefícios extras e custos mais baixos.

UBERIZADOS

Se as empresas digitais podem reduzir os custos em relação aos bancos, isso ocorre graças a um conceito fundamental para entender o que muda no mundo dos negócios e na vida das pessoas com a economia digital: a desintermediação. O termo significa a aproximação entre compradores e produtores, entre quem consome e quem oferece um produto ou um serviço, reduzindo ou eliminando intermediários. É o caso do produtor que vende diretamente para seu público, sem passar por um distribuidor ou uma loja.

O artista plástico argentino Felipe Gimenez recebe pedidos diretamente de seus seguidores nas redes sociais, sem precisar de uma galeria de arte para promover a sua obra. A *startup* coreana Tridge coloca em contato produtores locais de comida em 190 países com compradores do mundo inteiro, dando-lhes acesso a mercados internacionais para, ao cortar os *middlemen* (intermediários de que normalmente precisariam), manter seus preços competitivos. Em outra escala, Dell e Apple vendem diretamente aos consumidores, em suas páginas na web.

Todos esses são casos reais de desintermediação. Mas muitas vezes, por trás de uma aparente desintermediação, há a substituição de velhos por novos intermediários, ou uma redução da cadeia de intermediação. Negócios que se mantiveram por anos, décadas e até séculos criando elos entre quem produz e quem compra são ou foram ameaçados; muitos desapareceram e outros irão desaparecer. É o caso de comércios de bairro, livrarias, lojas de CDs e locadoras de vídeo, mas também de grandes atacadistas, de selos musicais e de editoras: o produtor pode negociar diretamente com seus clientes ou pular uma etapa de intermediação. E novos modelos nascem por causa dessa característica da nova economia. Airbnb, Netflix, Spotify e Uber são exemplos de sucesso.

O Airbnb foi fundado em São Francisco (EUA), em 2008, com uma proposta simples: facilitar o aluguel de quartos, casas e apartamentos privados. As transações ocorrem na plataforma da empresa, o que de certa maneira dá segurança a locador e locatário, mas a negociação de preços e condições é livre entre quem oferece e quem contrata. Hoje a organização já conta com mais de 6 milhões de ofertas em 81 mil cidades de 167 países – eles se gabam de trabalhar em 62 línguas. Sem possuir um único quarto próprio, o Airbnb é maior que a soma das cinco maiores empresas hoteleiras do mundo. São em média 2 milhões de pessoas que a cada noite dormem em propriedades alugadas pela plataforma; somam mais de meio bilhão desde o início das operações em 2008 até 2020. O atrativo não é apenas o preço, que pode ser mais em conta do que o de um hotel; muitos preferem conhecer uma cidade vivendo como locais, em ambientes não padronizados, mais *autênticos*.

Airbnb trouxe o benefício de ofertas mais variadas e causou uma redução efetiva nas tarifas dos hotéis. Mas para algumas cidades, como Paris e Madri, o impacto negativo também é considerável: os aluguéis residenciais se tornam escassos, os preços sobem, expulsando os moradores locais e mudando a fisionomia de bairros inteiros para fazê-los mais atrativos para atender à nova população de turistas internacionais. Assim, restaurantes de bairro são reconvertidos em locais gourmet, com muito design – e preços mais altos. As pequenas lojas de vizinhança cedem espaço para franquias globais e as cidades vão ficando cada vez mais parecidas entre si e definitivamente alheias para os locais. Londres, onde em 2020 somavam mais de 77 mil quartos oferecidos pelo Airbnb, reconhece que os visitantes injetam dinheiro extra na economia da cidade, mas trabalha em um projeto para regular a atividade e se proteger de seus efeitos tóxicos.

O modelo da Uber para transporte de passageiros segue o mesmo princípio: oferecer uma plataforma para negócios entre particulares, garantindo segurança e cobrando pela mediação e a tecnologia. As crises aceleraram a entrada do serviço: foi para muita gente um meio para complementar a renda ou gerar uma se estiver desempregado; em países com pobreza crônica, motorista de Uber virou profissão. A cidade de São Paulo tem uma frota estimada de 40 mil táxis e não menos de 250 mil carros cadastrados em aplicativos. No mundo, mais de 100 milhões de pessoas usam Uber todo mês.

Os consumidores ganham porque têm mais oferta e porque os preços caem. Quem perde é quem tinha investimentos em setores fortemente regulados, como o de táxi. Uma licença para um *yellow cab*, os táxis amarelos tão característicos de Nova York, chegou a valer em 2014 1 milhão de dólares; hoje pode-se comprar a mesma licença por US$ 170.000, o que tem causado muitas falências e pode ser uma das explicações para uma onda de suicídios entre motoristas.

As cidades sentem o impacto dessa revolução no modo pelo qual as pessoas se deslocam. Algumas irão deixar o carro em casa, ou até mesmo deixar de comprar um carro, para usar serviços de aplicativos, práticos e econômicos. Menos carros na rua, menos congestionamento e menos poluição. Mas em cidades onde o transporte público é evoluído, acessível e eficiente, a troca foi danosa: muitas pessoas trocaram o trem e o metrô por serviços de aplicativo, gerando mais tráfego e poluição.

Em muitos sentidos, o exemplo do que ocorre com a venda de produtos, com o aluguel de quartos ou o transporte serve para entender a dinâmica nas indústrias da comunicação, do entretenimento às notícias. Alguns dos casos mais bem-sucedidos da nova economia vêm, justamente, dessas indústrias.

A FÓRMULA NETFLIX

Airbnb e Uber facilitam as trocas entre pares, entre privados: nesse sentido pode-se falar de desintermediação, ou de uma menor intermediação. Criam-se novas oportunidades de negócio, usando a tecnologia disponível para liberar valores que estavam em potência: os apartamentos e os carros já existiam, mas para que tivessem uso comercial eram necessários uma plataforma digital e um modelo de negócio. É diferente quando se trata de serviços como Netflix e Spotify, que também mudaram a dinâmica das indústrias onde entraram criando novos canais de consumo de filmes e de músicas que complementaram ou substituíram os canais anteriores.

Na sua origem, em 1997, a Netflix era um serviço de aluguel de filmes em DVD. Em 1999, incorporou um modelo de assinatura mensal;

os filmes eram distribuídos pelo correio. Em 2000, houve uma oferta de venda à Blockbuster, por US$ 50 milhões, mas o negócio não prosperou: para o então gigante de aluguel de vídeos, com uma receita em aumento e uma fórmula de sucesso, não fazia sentido. Em 2004, com 9 mil lojas espalhadas pelo mundo e mais de 60 mil funcionários, a Blockbuster tinha um valor de mercado de US$ 5 bilhões. Faliu apenas seis anos depois; tinha 320 lojas. Hoje há uma única loja da Blockbuster, no interior dos EUA, local de culto onde se pode alugar um DVD, tirar uma foto embaixo do cartaz azul e amarelo ou tomar um chope da cerveja artesanal Last Blockbuster.

O que causou a queda da Blockbuster e o crescimento da Netflix foi a conjunção do modelo de assinatura mensal (hoje a estrela dos negócios digitais) e a tecnologia de *streaming* ou transmissão contínua, que dispensa o *download*. Não se arquiva nada no computador pessoal. A tecnologia não somente não ocupa lugar nos discos rígidos, como também permite a reprodução de obras com direitos autorais. A Netflix focou seu negócio na distribuição on-line em 2007 e então a sua base de usuários começou uma curva ascendente que hoje a coloca como um dos serviços mais acessados no mundo. São 200 milhões de pessoas usando Netflix, um terço delas nos EUA, onde soma mais usuários que todas as empresas de TV a cabo juntas. O faturamento anual em 2020 foi de US$ 20 bilhões e o valor de mercado da empresa alcançou os US$ 200 bilhões – 40 vezes o valor que a Blockbuster declinou pagar pela operação e mais do que a Disney valia no mesmo ano.

Na música, a mudança começou no fim do século XX, com usuários compartilhando arquivos digitais por meio de plataformas como Napster e Kazaa e a indústria lutando por vias legais e tecnológicas para impedir o inevitável. Foi como enfrentar um tsunami com sacos de areia. Em abril de 2003, a iTunes Store, da Apple, deu início ao que seria uma mudança radical do negócio da música e do hábito de consumo. Além de uma imensa fonte de receita para os criadores do iPod. Steve Jobs apostava que os fãs queriam acesso fácil e a preços razoáveis aos arquivos de música. O sucesso veio, mais uma vez, de uma combinação de tecnologia (a plataforma, o reprodutor) com a opção revolucionária de baixar músicas individuais por 99 centavos de dólar. Na sua primeira semana no mercado, o iTunes vendeu 1 milhão de *downloads* e se tornou o maior varejista de música dos Estados Unidos, transformando-se numa bênção e numa maldição para a indústria da música. O setor parecia ter encontrado finalmente um modelo de distribuição digital aceito pelos consumidores, que acabou de matar o já enfraquecido negócio dos CDs.

Como ocorreu com os filmes, a música on-line ganhou com o *streaming* e com o crescimento da banda de transmissão nas casas e nos celulares. O modelo de assinatura inaugurado pela Netflix fez com que os hábitos de consumo mudassem mais uma vez. A plataforma da Apple tem mais de 60 milhões de usuários, mas o campeão do segmento vem da Suécia, com uma fórmula diferente que faz a venda de músicas avulsas parecer pueril. Criado em 2008, o Spotify já superou os 250 milhões de usuários, dos quais metade são pagantes.

Lojas de CDs deixaram de existir, fábricas tornaram-se inúteis, aparelhos reprodutores juntam poeira. A cadeia de negócio como um todo mudou e as grandes empresas fonográficas precisaram encontrar outras formas de ganhar dinheiro. Foi necessário compreender a lógica de um mundo novo, muito mais do que apenas de uma forma diferente de se distribuir música.

O conceito de cauda longa, ou *long tail*,[11] mostra como a soma de muitos pequenos grupos faz um grande mercado. Levado ao limite, significa que as grandes empresas irão atender cada usuário de maneira única, ajustando o produto em função de seus gostos e de suas preferências. Isso vale especialmente para operações como Spotify e Netflix.

Existem 200 milhões de versões diferentes da Netflix, uma para cada usuário. Para conseguir isso, o volume e a complexidade dos dados que a Netflix processa são impressionantes. Começa com as estrelas com que cada usuário qualifica os filmes que assistiu, mas ganha força com o algoritmo que registra todas as vezes em que alguém retrocede, avança e pausa um filme, suas buscas, a localização geográfica, dia da semana e hora, tempo dedicado a cada cena. Isso tudo é cruzado e enriquecido com o que se chama de metadados: informações de empresas de pesquisa e redes sociais. Predizer as escolhas de um ser dotado de livre-arbítrio é sempre um desafio, mas empresas como a Netflix estão avançando rapidamente nesse sentido.

Condição do ser humano e diferencial competitivo, a comunicação evolui acompanhando a evolução da humanidade desde seu nascimento. Acompanhando ou conduzindo: melhoras na capacidade se comunicar são causa e consequência de muitas das rupturas e das mudanças mais marcantes da história. Não é diferente no século que nos toca. Comprovamos em tempo real como o progresso da tecnologia e suas consequências nas formas de produzir e trocar informações e conhecimento mudam o mundo em que vivemos. As duas primeiras décadas do século mostraram impactos em cada aspecto da vida: na economia, no trabalho, na educação, na família, na saúde, nas artes, nas ciências. E na política, claro. Foco de nossa próxima seção, a ruptura provocada pela capacidade de trocar informações e construir saberes e identidades em rede.

Notas

[1] Esta é a visão do filósofo e psiquiatra alemão Karl Jaspers.
[2] A publicação, que ainda existe, é o *Bell System Technical Journal*, um órgão interno da empresa de telefonia Bell.
[3] Marshall McLuhan, *The Medium is the Message: an Inventory of Effects*, Harmondsworth, Penguin Books, 1967, p. 26 [tradução minha].
[4] Marshall McLuhan (1911-1980), filósofo canadense.
[5] Umberto Eco (1932-2016), pensador e escritor italiano.
[6] Pierre Lévy, *Cibercultura*, São Paulo, Editora 34, 2003, p. 13.
[7] Pierre Lévy, *Cibercultura*, São Paulo, Editora 34, 2003, p. 128.
[8] Idem, p. 142.
[9] "Johan Carolus's 'Relation', the First Printed European Newspaper", em *History of information*, 2015. Disponível em <http://www.historyofinformation.com/detail.php?id=34>, acesso em 10 nov. 2019 [tradução minha].
[10] Apud Chong Celena, "The inventor that inspired Elon Musk and Larry Page predicted smartphones nearly 100 years ago", em *Business insider*, 2015. Disponível em <https://www.businessinsider.com/tesla-predicted-smartphones-in-1926-2015-7>, acesso em 20 nov. 2019 [tradução minha].
[11] O conceito tem pai: Chris Anderson é autor de *A cauda longa: a nova dinâmica de marketing e vendas: como lucrar com a fragmentação dos mercados* (Rio de Janeiro, Elsevier Brasil, 2006).

Ciberpopulismo, o novo nome da política

> "A ciberpolítica trata do que sempre trata a política, isto é, de como se consegue, se preserva e se perde o poder, segundo o delineava Maquiavel; ou do who, do what, do when e do how, do mais pragmático Lasswell; ou de quem toma as decisões, de Schmitt; enfim, de quem manda. Mas o faz com meios novos, capazes de mudar as regras do jogo."
>
> Ramón Cotarelo e José Antonio Olmeda,
> em *La democracia del siglo XXI*

Covilhã fica no início da Serra da Estrela, em Portugal. Apesar da distância do mar, a cidade ocupa um lugar de destaque na história dos descobrimentos portugueses. Pêro de Covilhã é seu filho mais famoso; os livros o registram como o primeiro português a pisar nas terras do que mais tarde viria a ser Moçambique, nas costas do oceano Índico. O desenvolvimento que os irmãos Francisco e Rui Faleiro, cosmógrafos covilhanenses, fizeram das ciências náuticas foi fundamental para aqueles navegantes que precisavam de referências para se situar em águas desconhecidas. É de José Vizinho, também de Covilhã, o *Almanach Perpetuum*, obra muito útil para a navegação, que serviu a Cristóvão Colombo nas suas travessias.

Honrando esse passado ilustre, uma carta náutica de 1571 pende no salão da Universidade da Beira Interior, no prédio onde antes funcionava uma fábrica de lã fundada pelo Marquês de Pombal. Foi nesse entorno que um grupo de pesquisadores, do qual fiz parte com cientistas políticos, sociólogos e filósofos do Brasil, Portugal e Alemanha, discutimos questões de comunicação e política. Um dos oradores postulou uma visão pós-moderna de que a realidade é fruto de consenso: vivemos em um mundo construído de maneira coletiva. Seus argumentos foram sólidos e muito claros, o discurso fluiu e a plateia assentiu. Exceto uma moça, muito jovem, com um cabelo loiro tingido de um verde raivoso.

– *Vem cá!* – disse, quase indignada. – *Você está me dizendo que a realidade não é a realidade, que o que estou vendo como realidade não é igual ao que você está vendo como realidade. Como, então, vou fazer se eu não sei se isso que está aqui é a realidade?*

O expositor sorriu com uma mistura de embaraço e ternura e dedicou um bom tempo a responder. A moça não se conformou. E nós, os assistentes, presenciamos a cena, calados.

Soube depois que a moça de cabelo verde era filha dele. Com uma pergunta aparentemente ingênua ela apontou para o coração do problema: vivemos em realidades diferentes. Podemos lançar mão de todos os recursos da Filosofia para justificar isso, para compreender as consequências práticas e teóricas, mas o que ela disse é correto: como vamos atuar de maneira coerente se estamos habitando universos paralelos?

A mentira na política tem como objetivo destruir o mundo comum verdadeiro e substituí-lo por visões fragmentadas que atendem interesses de quem opera a substituição.[1] Até o final turbulento de seu mandato, o presidente norte-americano Donald Trump tinha disseminado em público ou em redes sociais não menos que 30.573 mentiras ou informações erradas, segundo levantamento feito pelo jornal *The Washington Post*.[2] As inverdades contabilizadas pelo jornal são as que Trump disse durante o mandato, mas o histórico é bem mais antigo e diz respeito a afirmações falsas sobre questões como tamanho da própria fortuna e o quanto teria herdado do pai; a companhia, dizia, tinha nascido de um empréstimo de 1 milhão de dólares, mas na verdade ele recebera algumas centenas de milhões como herança. Na campanha presidencial de 2016, disse que Barack Obama não tinha nascido nos EUA e não teria nacionalidade norte-americana. Já eleito, inaugurou seu mandato inflacionando várias vezes o número de manifestantes que assistiram à sua posse; coerente, na sua despedida disse que tinha sido o presidente que mais cortes de impostos fizera, assumindo um lugar que, na verdade, correspondeu ao também republicano Ronald Reagan. No Brasil, Jair Bolsonaro fez da mentira uma marca de sua passagem pelo comando do país. Como seu par e modelo gringo, ajudou a aumentar os efeitos da pandemia de covid-19 pela divulgação de informações falsas, e aqui suas mentiras abarcam os assuntos mais diversos, de educação a economia, de meio-ambiente a cultura. O site Aos Fatos[3] faz um levantamento sistemático das inverdades do presidente e até fevereiro de 2021 contabilizava mais de 2.700. As primeiras se referiam a questões da eleição e da conformação do governo, supostamente integrado por técnicos, sem recurso a pactos partidários nem escolhas ideológicas, e ainda insistia em questões levantadas na campanha, como os supostos riscos de uma virada ao comunismo caso ele não fosse eleito, ou ainda disparates como a ideologia de gênero que ameaçaria as crianças e as famílias brasileiras. Mas as mentiras mais perniciosas e repetidas foram as que negaram a gravidade da pandemia que estourou em 2020, desmentindo cientistas e técnicos e promovendo aglomerações, incentivando a não usar máscara e não respeitar outras medidas preventivas, defendendo tratamentos descartados pela comunidade científica e, sobretudo, se apartando da responsabilidade no gerenciamento da crise.

As ditaduras latino-americanas dos anos 1970 esconderam sua brutalidade por trás de campanhas de propaganda que destacavam o respeito aos direitos humanos, o valor da justiça e sentido de honra dos comandantes. Grande parte dos ditadores africanos do século XX desenvolveram programas de propaganda baseados na mentira, da mesma maneira que Hitler e Mussolini. Convencer de que aquilo que se diz é verdadeiro, mesmo quando isso se opõe ao que as pessoas veem é uma necessidade que compartilham inimigos da democracia de todas as cores. Isso não é privilégio do século XXI, desde sempre foi assim. Por isso, o domínio das técnicas de comunicação é uma das bases que sustentam o populismo.

POPULISMO, UMA DEFINIÇÃO

"Populismo" é uma das principais palavras da moda do século XXI. O termo é utilizado para descrever presidentes da esquerda na América Latina, partidos de oposição de direita na Europa e candidatos presidenciais tanto de esquerda como de direita nos Estados Unidos. Mas embora o termo exerça grande atração igualmente sobre muitos jornalistas e muitos leitores, a sua utilização generalizada cria também confusão e frustração.[4]

Assim começa *Populismo: uma brevíssima introdução*, de Cristóbal Rovira Kaltwasser e Cas Mudde, dois especialistas em extrema direita e populismo. Os autores buscam uma definição capaz de dar conta da diversidade de manifestações do populismo ao longo da história. Afirmam que se trata de uma ideologia de baixa densidade, o que pode ser entendido como uma ideologia rasa, sem muito conteúdo. O populismo considera que a sociedade está dividida em dois campos homogêneos e antagônicos – "o povo puro" e "a elite corrupta" – e defende que a política deveria ser uma expressão direta da vontade do povo.

O pensador argentino Ernesto Laclau é mais radical e diz que o populismo não se refere a um conteúdo específico ou a uma ideologia. "Não entendemos um tipo de movimento – identificável com uma base social especial ou com uma determinada orientação ideológica –, mas uma lógica política".[5] Essa lógica busca articular as demandas de uma parcela da população não satisfeita com o *establishment* num determinado marco institucional. Surge, assim, um "povo" que se opõe a um determinado inimigo; é um "nós" *versus* um "eles", e o "nós" é o "povo", mas esse povo pode significar muitas coisas, assim como seu inimigo. Podem ser trabalhadores contra oligarcas, nacionais contra imigrantes, brancos contra negros ou judeus, árabes ou nordestinos, progressistas contra reacionários, feministas contra misóginos. Ou, mais simplesmente, "as pessoas comuns", "os brasileiros", "os pobres", "os trabalhadores", "as pessoas de bem". Esse é "o povo", uma parcela da população que tem demandas desatendidas e que o populismo faz visível.

O populismo é um modelo de conquista e manutenção do poder, uma técnica narrativa que existe pelo menos desde o século XIX e que nas últimas décadas ganhou espaço inédito.[6] Um discurso populista combina três elementos: além do *povo*, há o *inimigo* e é indispensável a figura do *líder*. Inimigo será o que mais convenha à escolha do povo selecionado: Donald Trump criou sua plataforma política orientada ao norte-americano médio, trabalhador, ou ao pequeno empresário, agricultor, excluído das grandes capitais e invisível para a grande mídia. Seus inimigos foram o *establishment* de Washington e de Wall Street e os meios de comunicação, mas também os imigrantes latinos que "roubam" o trabalho dos norte-americanos, algumas entidades globais como as Nações Unidas, voltadas a enfraquecer o poderio dos EUA, e ainda países escolhidos a dedo, como Irã, Coreia do Norte, Alemanha e, claro, a China. A lista é longa e variada. E também é mutável: vai se atualizando de acordo com as necessidades táticas, e isso é uma característica comum às várias formas de populismo.

O líder precisa de carisma, ser bom comunicador, intuitivo e ousado. A história mostra que muitas vezes os líderes populistas estão tão imbuídos da persona pública que acabam sendo vítimas de si próprios: eles caem do alto da própria arrogância, acreditando na infalibilidade e na adesão irrestrita de seus seguidores. Mas, enquanto surfam a onda, o egocentrismo e o jeito peculiar e diferenciado, mesmo bizarro, ajudam. A fala direta diz o que as pessoas querem ouvir ou dizer: é o sujeito que "fala sem papas na língua", sem se atentar para o politicamente correto, que confronta as convenções. As ideias simples ou meramente simplistas são facilmente reproduzíveis, e as mentiras deslavadas encontram crédulos quando ratificam o que se quer ouvir. Frases de efeito, insultos, provocações são moeda corrente entre as estrelas da política internacional, de Trump a Salvini, de Maduro a Bolsonaro. O mundo está virando uma república bananeira por causa de um conjunto de bufões fantasiados de políticos – ou o contrário. A figura do líder estapafúrdio é central na construção populista.

> Os defeitos e vícios dos líderes populistas se transformam, aos olhos dos eleitores, em qualidades. Sua inexperiência é a prova de que eles não pertencem ao círculo corrompido das elites. E sua incompetência é vista como garantia de autenticidade. As tensões que eles produzem em nível internacional ilustram sua independência, e as *fake news* que balizam sua propaganda são a marca de sua liberdade de espírito.[7]

O populismo funciona para decidir os destinos não apenas de democracias jovens da América Latina, mas também daquelas que inventaram a democracia moderna. Com Trump, governou os Estados Unidos e está por trás da saída da Grã-Bretanha da União Europeia. Há ou houve governos populistas de direita nas primeiras duas décadas do século XXI na Itália, Polônia, Romênia, Turquia, Sérvia, Hungria e Áustria. Partidos populistas, alguns deles decididamente de ultradireita, ocupam espaços importantes na maioria dos países europeus, colocando em risco a própria União Europeia. Alguns exemplos são Beppe Grillo e Salvini na Itália, Marine Le Pen na França, Viktor Orbán na Hungria, os partidos Vox na Espanha e Die Linke e AfD na Alemanha.

Apesar de a onda populista das últimas décadas ser em grande parte de direita (mais ou menos extrema), não associamos populismo a ideologias de direita ou esquerda, nem a um modelo econômico específico. A definição de populismo que adotamos neste livro começa pela maneira como alguns líderes conquistam e se mantêm no poder, usando a estrutura narrativa que descrevemos antes; mas a nossa definição não para por aí. Populismo é, além de uma forma de relato, um modo de abordar a política de matriz essencialmente antidemocrática. Seus opostos são o republicanismo e o pluralismo. O populismo apaga as diferenças para constituir um povo homogêneo, enquanto o republicanismo preserva e promove as diferenças dos atores políticos, alimentando-se da pluralidade e do debate. O populismo se alça contra um inimigo que deve ser aniquilado ou neutralizado, o pluralismo debate com adversários cuja legitimidade deve preservar.

A grande questão é um paradoxo e uma pergunta: o que o pluralismo faz com quem o ataca? Como o pluralismo republicano deve e pode responder quando é visado como inimigo? Se o pluralismo age e responde a quem ataca como um inimigo, não mais como adversário, então deixa de ser pluralismo e se faz populismo. Mas se não age, corre o risco de ser esmagado. Foi o dilema que enfrentaram os democratas alemães na época da ascensão nazista, é a encruzilhada que assombra os pluralistas brasileiros.

POPULISMO + DIGITAL = CIBERPOPULISMO

O fantasma do populismo percorre o mundo. A polarização e o esvaziamento do pluralismo e do republicanismo são realidade em boa parte do planeta. A comunicação digital tem um papel central na origem da onda populista que toma conta do globo e que ameaça e questiona a democracia. Mas não bastam as redes sociais: o fenômeno aparece no encontro entre uma construção retórica e discursiva com uma plataforma de comunicação e distribuição de informações que acende a faísca e faz explodir modelos até então hegemônicos. Meio e mensagem se encontram e se encaixam de maneira perfeita. Por isso, o populismo que nos interessa aqui não é o tradicional, histórico. É o populismo político renovado pela nova comunicação digital em rede, capaz de servir ideologias de todo signo.

A convergência do populismo e das mídias digitais dá lugar a um fenômeno novo, o *neopopulismo digital*. É o *ciberpopulismo,* capaz de gerar adesões em identidades narrativas fortes, simples e seguras, usando tecnologias de microssegmentação que somente são possíveis em grande escala com recursos digitais. Sem tecnologia digital, esse populismo não existiria em escala global. O casamento é perfeito. O digital cria a ansiedade e oferece a cura, faz a desordem acontecer e fornece o refúgio necessário. A informação fragmentada e incerta, excessiva, gera ansiedade e medo; o populismo dá respostas simples que acalmam essa ansiedade e esse medo. E, para garantir a solidez da mensagem e a adesão sem crítica, bloqueia o diálogo e o debate. Quando não sabemos em quem acreditar, uma voz firme e de comando pode nos dar segurança.

O saber e o compreender são meios que a evolução criou para nos proteger, como presas, e para nos permitir caçar, como predadores. A dúvida é uma ameaça para o animal humano, e por isso muitos preferem permanecer no refúgio e no conforto das convicções, ao abrigo da incerteza. Isso pode ser muito valioso em situações de emergência: num incêndio, não se espera um debate com o bombeiro, mas instruções precisas; num barco, o capitão manda, não delibera. Mas, para a construção de uma democracia, é extremamente perigoso e empobrecedor: delegamos o pensar por nós mesmos, entregamos nossa inteligência com fé cega. É isso que incentiva o populismo, que encontra na comunicação digital em rede seu complemento perfeito.

Diante do caos e da complexidade de um mundo em mudança frenética e acelerada, o populismo digital garante o repouso em certezas que não requerem provas. Soluções simples para problemas complexos: um muro para resolver as questões sociais impedindo os mexicanos de entrar no país, por exemplo. A volta a tradições ou crenças que nos deram conforto: uma droga mágica para curar um mal invisível, um complô internacional para explicar o surgimento de reivindicações de gênero. Mas ainda mais simples é jogar todas as culpas e as responsabilidades de nossos males em um outro, o inimigo. Ao mesmo tempo, e como condição necessária para sobreviver, o populismo deve bloquear a possibilidade de diálogo, fechar os espaços de comunicação e de pensamento, de escutar o que pensa diferente de mim e que deve ser o culpado do que me acontece. Isso é polarizar: comigo ou contra mim. Amigo ou inimigo. Numa sociedade polarizada, o debate de modelos sociais e econômicos, de pautas culturais, fica esmagado pela necessidade de as partes se refugiarem nas trincheiras da convicção.

O filósofo alemão Arthur Schopenhauer usou uma metáfora para ilustrar as dificuldades da convivência humana: porcos-espinhos que, arriscando morrer congelados, resolveram se juntar em grupos para se agasalhar e se proteger. Juntos preservavam melhor o calor, mas os espinhos do vizinho machucavam o próximo, por isso se afastavam; e começaram de novo a morrer pelo frio. Para não perecer, aprenderam então a conviver, mantendo uma distância adequada, nem muito perto (para não se espetar), nem muito distante (para não perder o calor). Aprenderam também a suportar pequenas feridas que as pessoas próximas podem causar, para preservar a possibilidade de receber calor. As demandas democráticas são, em suas relações mútuas, como os porcos-espinhos de Schopenhauer e o digital permite a multiplicação dos porcos-espinhos: a convivência fica então difícil e eles se refugiam em ninhos separados.

Esse é o grande paradoxo democrático que provoca a comunicação digital em rede. Por um lado, abre a democracia ao surgimento de novas identidades coletivas. Mas pela mesma porteira aberta entram divisões e enfrentamentos capazes de rasgar o tecido comunitário de uma sociedade e de fazer recuar o pluralismo a níveis baixíssimos. Existe maior possibilidade de participação, atores antes não representados hoje se fazem visíveis, mas vem junto o risco de um retrocesso democrático. Mais comunicação é um problema para a democracia?[8]

DEMOCRACIA AMEAÇADA: EUA

Steven Levitsky e Daniel Ziblatt, pesquisadores de Harvard, têm se tornado especialistas nas quebras da democracia. Historicamente trabalharam no estudo sobre países da América Latina e de regiões do mundo onde ditadores usurpam o poder por meio de golpes de Estado. Mas, quando voltaram o olhar para dentro de casa, comprovaram que a democracia, sob o signo do populismo de Donald Trump, corria sérios riscos. O resultado é *Por que as democracias morrem?*, um livro interessante para compreender as ameaças de nosso tempo, uma advertência forte aos que alguma vez acharam que valia conviver com um presidente antidemocrático como Jair Messias Bolsonaro em prol de um bem maior.

"Tratam os adversários como inimigos, intimidam a imprensa livre e ameaçam impugnar os resultados eleitorais. Procuram enfraquecer as defesas institucionais da democracia, incluídos os tribunais." Com essa descrição, eles iniciam uma análise rigorosa dos déspotas que não chegaram ao poder por meio das armas, mas usando as ferramentas legais da democracia. Os modelos exemplares são Adolf Hitler, Benito Mussolini e Hugo Chávez. Nos três casos, figuras carismáticas, capazes de despertar entusiasmo na população, vindas de fora da política e empossadas por caciques tradicionais para, já no comando da nação, de maneira progressiva, sufocar as barreiras que lhes impedem de se apropriar da totalidade do poder.

A partir desses três modelos, chega-se a um comportamento padrão dos governantes de vocação antidemocrática. Todos começam com a rejeição, por meio de palavras ou de fatos, das regras do jogo democrático: ameaçam uma suspensão do Parlamento ou do Poder Judiciário, restringem direitos civis (como o *habeas corpus*), elogiam governos que adotaram medidas restritivas contra a liberdade, propõem leis ou medidas que limitem as críticas ao governo. Seguem com a negação dos oponentes políticos: descritos como subversivos, ameaças para a segurança nacional, delinquentes ou agentes alinhados com potências estrangeiras. Ainda, há a vinculação com grupos paramilitares, milícias ou guerrilhas, o apoio ao linchamento ou à agressão de adversários, a recusa a condenar e penalizar atos violentos contra oponentes e o elogio de ações destacadas de violência política.

Os pesquisadores percorrem o governo Trump e concluem que é a polarização extrema que debilita a democracia, apagando as "regras não escritas do jogo democrático". É a polarização, afirmam, que acaba com as democracias.

Há duas questões a serem observadas. Primeiro, a escolha de Chávez junto a Hitler e Mussolini, que certamente será questionada pela esquerda; haveria muitos outros nomes de ditadores que mereceriam esse lugar no pódio antes do venezuelano, mas é incontestável que as condições listadas coincidem com a ascensão do chavismo. E o mais relevante é a total aderência do presidente Bolsonaro às condições que levaram Hitler, Mussolini e Chávez a espaços de poder em detrimento da democracia.

Está traçado aí o caminho percorrido desde a eleição de Bolsonaro e o de uma série de governantes pouco simpáticos às nuances da pluralidade, contrários aos direitos das minorias ou de maiorias historicamente submetidas, que praticam um discurso de restrição e enfraquecimento da democracia. Testam os limites dos sistemas que os elegeram, defendem o retorno a modelos menos inclusivos e associados a valores tradicionais, muitas vezes religiosos. Já mencionamos alguns deles: Viktor Orbán na Hungria, Donald Trump nos EUA, Matteo Salvini na Itália.

A maneira pela qual esses governantes chegaram ao poder tem muito a ver com a forma em que ele se exerce e se mantém. Todos eles encontraram nas redes sociais um diferencial nas campanhas e na comunicação com a base de apoiadores. Todos eles desprezaram os canais instituídos e, como Uber e Airbnb, apostaram na desintermediação: fora partidos, fora meios de comunicação, o contato deve ser direto. Um paradoxo de difícil solução para aqueles que, para evitar que o Brasil virasse uma Venezuela, deram seu voto ao candidato mais próximo de Chávez.

DEMOCRACIA E COMUNICAÇÃO

> Previsões de computador baseadas em uma pegada digital genérica (curtidas no Facebook) são mais precisas (r = 0,56) do que aquelas feitas por amigos dos participantes no Facebook usando um questionário de personalidade (r = 0,49). Os julgamentos da personalidade feitos pelo computador têm maior validade externa ao prever os resultados da vida, tais como uso de substâncias, atitudes políticas e saúde física; para alguns resultados, eles até superam os índices de personalidade autoclassificados.[9]

A citação parece assustadora? Pois ela foi tirada de um artigo acadêmico publicado em janeiro de 2015. Poucos meses depois ocorreu a maior operação ilegal de uso de dados para influenciar eleições de que se tem notícia até hoje. Não foi mera coincidência.

À época, estava em curso uma negociação entre executivos da empresa de análise de dados on-line Cambridge Analytica e os responsáveis da Leave.EU, organização britânica de extrema direita. No acordo, tratava-se de usar informações de comportamento de usuários do Facebook para sustentar o marketing digital do movimento separatista no Reino Unido. A operação acabaria sendo determinante no voto pela saída da Grã-Bretanha da União Europeia, o chamado Brexit, e também na eleição de Trump nos EUA e, depois, na de Bolsonaro no Brasil.

O artigo que citamos continua: "Os computadores que superam os humanos no julgamento da personalidade apresentam oportunidades e desafios significativos nas áreas de avaliação psicológica, marketing e privacidade". Os autores contam com um futuro em que haverá máquinas emocionalmente inteligentes e socialmente capacitadas. Essa possibilidade já é próxima, não precisamos olhar para o futuro para nos surpreender. Um código de computador necessita de apenas dez curtidas no Facebook para prever meu comportamento melhor que um colega de trabalho. Assim mesmo: dei like na foto de aniversário de uma sobrinha, na viagem de boda de uma amiga, em alguns concertos e certas causas sociais – e com isso alguém pode saber mais sobre como me comporto do que aquele rapaz que trabalha no mesmo escritório que eu. No momento do estudo, um usuário médio tinha dado 227 curtidas desde sua adesão à rede. Com apenas 70 curtidas, a máquina sabe projetar minhas ações melhor do que um amigo. Para superar meus irmãos e meus pais lhe bastam 150 curtidas no Facebook. Alguém com acesso a 300 likes do meu perfil sabe dizer melhor que a minha mulher como irei votar, o que comprarei, quais serão minhas escolhas. Os resultados superam até mesmo os índices de personalidade que eu escolhi. Ou seja: o algoritmo me conhece melhor que eu mesmo.

Para avaliar sua precisão, os resultados on-line apresentados no estudo foram comparados com estudos psicológicos anteriores, em bases que cobriram décadas de pesquisas. Michal Kosinski, coautor do estudo e pesquisador da universidade americana de Stanford, afirmou em entrevistas posteriores que as máquinas têm algumas vantagens importantes que tornam esses resultados possíveis: a capacidade de reter e acessar grandes quantidades de informação, para analisá-las com algoritmos e técnicas de *big data,* que é o conjunto de técnicas destinadas a organizar, analisar e obter informações a partir de volumes de dados grandes demais para serem analisados por sistemas tradicionais. "O *big data* e o aprendizado de máquina fornecem a precisão que a mente humana tem dificuldade em alcançar, pois os humanos tendem a dar muito peso a um ou dois exemplos ou a seguir maneiras de pensar não racionais", reforçou. Desde seu doutorado, Kosinski estuda a possibilidade de efetivamente influenciar decisões com base em informações coletadas digitalmente, o que ele chama de pegada digital (*digital footprint*). Interessam ao autor o potencial de ajuda na tomada de decisões das pessoas e os riscos de manipulação em que essas técnicas nos colocam.

"A capacidade de julgar a personalidade é um componente essencial da vida social – desde decisões diárias até planos de longo prazo, como com quem se casar, em quem confiar, quem contratar ou eleger como presidente", disse David Stillwell, outro coautor do estudo de Cambridge. "Os resultados dessa análise de dados podem ser muito úteis para ajudar as pessoas na tomada de decisões." Os pesquisadores sugeriram que essas ferramentas, se disponibilizadas para os usuários, podem permitir um maior autoconhecimento e que isso pode nos levar a escolher melhor uma posição de emprego, uma carreira e até mesmo um par romântico.

Os psicólogos Michal Kosinski e David Stillwell desenvolveram o estudo no Centro de Psicometria da Universidade de Cambridge, buscando formas de quantificar tipos de personalidade a partir de dados obtidos nas redes sociais. Para isso, ainda estudante, em 2007, Stillwell havia desenvolvido vários aplicativos para o Facebook, um dos quais, um questionário de personalidade chamado *myPersonality*, tornou-se viral. A partir das respostas dadas, os usuários eram pontuados nos "cinco grandes" traços de personalidade – Abertura, Consciência, Extroversão, Amabilidade e Neuroticismo. Nos termos de uso do que era percebido apenas como um joguinho, 40% dos usuários consentiram em dar a ele acesso aos seus perfis do Facebook. Surgiu, assim, uma forma de medir os traços de personalidade e de correlacionar as pontuações com as "curtidas" do Facebook de milhões de pessoas.

A primeira publicação dos resultados do estudo apareceu em uma revista acadêmica em 2013 e chegou às mãos de um jovem e brilhante doutorando canadense, Christopher Wylie, possuidor de um visto de trabalho reservado a talentos excepcionais e concedido pelo Reino Unido a apenas 200 pessoas por ano. À época, ele procurava entender os padrões de gosto orientados à moda para predizer tendências. Mas as preocupações de Wylie não acabavam na moda: ele tinha se interessado por política e se perguntava por que os liberais não conseguiam ganhar eleições na Grã-Bretanha, a qual tinham comandado por décadas. Ele achava que o estudo de Kosinski e Stillwell podia ajudar a reverter esse cenário, mas nenhum dos dirigentes liberais britânicos que ele tentou convencer levou muito a sério as suas ideias.

Frequentando o meio político, Wylie acabou sendo entrevistado para uma vaga de uma empresa chamada Strategic Communication Laboratories Group, cuja subsidiária SCL Elections iria criar mais tarde o braço norte-americano Cambridge Analytica. Alexander Nix, então CEO da SCL Elections, se encantou com o jovem e fez uma oferta irrecusável: "Vamos dar-lhe liberdade total para testar e experimentar todas as suas ideias malucas". O cargo era diretor de pesquisa do grupo, com contratos para operações de defesa e para questões eleitorais com o Ministério da Defesa do Reino Unido e com o Departamento de Defesa dos Estados Unidos, entre outros. Trabalharam, então, em operações psicológicas chamadas de *psyops*, usadas por forças armadas para influenciar por meio do "domínio informacional". *Psyops* é um nome pretensioso para um conjunto de técnicas que inclui boatos, desinformação e notícias falsas e integra o cardápio de ações de uma força estrangeira de ocupação.

O Centro de Psicometria da Universidade de Cambridge se recusou a trabalhar com a SCL Elections e Wylie acabou recorrendo ao acadêmico russo-norte-americano Aleksandr Kogan, na época professor de Psicologia na Universidade de Cambridge e conhecedor das técnicas de seus colegas. Kogan criou seu próprio aplicativo (*thisisyourdigitallife*, fortemente inspirado no dos seus colegas) e, em junho de 2014, começou a coletar dados para a Cambridge Analytica. A empresa cobriu os mais de US$ 800.000 de custo e o autorizou a manter uma cópia desses dados para sua própria pesquisa. Ao Facebook, Kogan informou que estava coletando informações para fins acadêmicos; os usuários aceitaram os termos de uso do aplicativo, em letra pequena, autorizando o acesso a dados pessoais próprios e de amigos ou contatos na rede social.

O projeto de Kogan e Wylie somou, assim, informações de mais de 87 milhões de pessoas. Com esses dados, os cientistas traçaram perfis psicológicos bastante detalhados. Um perfil é um conjunto de informações que permite prever as preferências e o comportamento de uma pessoa, vista como consumidor ou como eleitor. Com perfis bem feitos, a efetividade das ferramentas de persuasão aumenta muito, pois permite adaptar as mensagens de campanha aos gostos e às preferências de públicos muito segmentados e focar esforços naquelas pessoas e grupos suscetíveis a mudanças de opinião. Essas informações servem também para tornar mais eficientes gastos como compra de espaços publicitários em TV e até na escolha dos locais que um candidato deve visitar ou qual deve ser o tom de seu discurso.

A utilidade da personalização da propaganda está diretamente vinculada à amplitude da base de dados. Na eleição de Donald Trump, em 2016, a base de dados e a metodologia foram usadas para criar perfis de cada cidadão com direito ao voto: quase 250 milhões de perfis. Na campanha que elegeu Barack Obama tinham sido utilizados 16 milhões de perfis, o que já era uma revolução, mas que é pouco em relação ao que aconteceu anos mais tarde. Em média, há 5 mil "pontos de dados" por cada votante norte-americano. Chamam-se pontos de dados as informações que, combinadas, servem para traçar o contorno de uma personalidade e permitem criar centenas de milhares de versões de uma mesma mensagem, adequadas às preferências de grupos cada vez menores de usuários. Qual a banda de rock preferida, as fotos curtidas, os vídeos compartilhados, as páginas que alguém segue são o valor que faz do Facebook uma ferramenta poderosíssima de *marketing*, pela capacidade de microssegmentação e de customização das mensagens.

Numa campanha política personalizada, a declaração de um candidato que defende a posse de armas pela população será acompanhada por uma foto de um ladrão invadindo uma casa – esse conteúdo vai aparecer na tela do celular de alguém preocupado com a segurança da família. Mas a imagem será a de um soldado em pose heroica se a mensagem for dirigida a uma pessoa preocupada com a superioridade sobre outras nações. E assim a estratégia se repete: mudando cores, elementos da imagem, linguagem... A imagem se adapta, fazendo-se mais próxima, para que a mensagem seja mais facilmente recebida e absorvida. Martin Hilbert, especialista alemão em *big data* e seu uso na política, conta que num debate entre Donald Trump e a candidata democrata Hillary Clinton, a campanha do candidato postou em redes sociais uma das respostas dadas pelo republicano em 175 mil versões diferentes. Essa adaptação, que garante a eficácia da mensagem, é feita por robôs que testam e medem a performance de cada título, imagem, combinação de cores...

Outra prática é a seleção de assuntos que serão mostrados, de acordo com o perfil. Assim, se um candidato tem um leque de 100 propostas e eu sou contra 95 delas, a campanha irá mostrar apenas as cinco que apoio. Com o uso desses dados, cria-se a possibilidade de se investir mais forte em eleitores que têm mais chances de mudar de opinião; dessa forma, evita-se o gasto financeiro desnecessário com aqueles que já estão convencidos ou nunca irão mudar seu voto.

Toda esta maquinaria foi revelada no escândalo que teve como pivô a subsidiária norte-americana do grupo SCL, a Cambridge Analytica. Entre os principais acionistas da Cambridge Analytica encontrava-se o bilionário norte-americano Robert Mercer. Cientista de dados e diretor-executivo de um fundo de investimentos, Mercer foi considerado o homem com mais poder no partido Republicano norte-americano, e não somente por ser um grande doador de campanha. Seu poder não vem apenas do dinheiro: ele usa a ciência de dados e a matemática, que lhe permitiram ganhar uma fortuna no mercado financeiro, para influenciar eleições e aumentar as chances de candidatos escolhidos por ele e sua filha, Rebekah.

Mercer foi financiador da campanha de Trump e do Brexit e é um dos pilares da chamada direita alternativa (conhecida como *alt-right*) dos Estados Unidos, que ajudou a levar o candidato republicano à Casa Branca. É a direita extrema do Breitbart News, site de notícias e opinião do qual Steve Bannon foi diretor-executivo até deixar o cargo para se dedicar à campanha de Trump em 2016, contratado por indicação do Mercer.

Após o triunfo de Trump, Bannon foi contratado como diretor de estratégias da Casa Branca, mas durou apenas alguns meses: seu perfil midiático e suas críticas a colegas do governo desagradaram o presidente eleito e levaram à sua saída da função pública pouco depois de assumir, em agosto de 2017. Desde então, Bannon se dedica a apoiar causas de extrema direita, com um ideário racista, misógino, homofóbico e nacionalista. Bannon foi importante em várias eleições na Europa e se encontrou com Eduardo Bolsonaro em agosto de 2018. O filho do então candidato à presidência do Brasil declarou contar com a ajuda do norte-americano nas eleições, mas não ficou clara qual foi sua participação na campanha.

Mas, afinal, como agiu a Cambridge Analytica na eleição de Trump? Talvez até hoje não soubéssemos se o antigo diretor de tecnologia da empresa, Christopher Wylie, não tivesse feito declarações bombásticas envolvendo a eleição norte-americana e a campanha pelo Brexit – saída da Grã-Bretanha da Comunidade Europeia. Segundo ele, por um problema de consciência.

"Minha intenção original era expor o trabalho da empresa, em parte porque ajudei a criá-la e tenho responsabilidade. Se não for para corrigir o que já foi feito, pois há coisas que não podem ser desfeitas, pelo menos para informar as autoridades e as pessoas", declarou em entrevista para um grupo de jornais internacionais em março de 2018, referindo-se à operação clandestina de uso de dados indevidamente desviados do Facebook com fins de persuasão política.

A legalidade da campanha foi questionada de diversos ângulos, a começar pelo envolvimento de estrangeiros na eleição norte-americana, que a lei proíbe, e depois por conta da coleta e do uso de informação privada e pessoal sem consentimento – é este último o que nos importa aqui neste livro. Ainda que desde sempre o objetivo da propaganda política seja influenciar decisões, o grau de efetividade possível com as novas tecnologias coloca os eleitores (e a democracia) numa situação de vulnerabilidade extrema.

Segundo Wylie, o que foi feito com os perfis obtidos ilegalmente é comparável ao *doping* em um atleta de alto rendimento, alguém que talvez poderia ganhar, mas que compra uma garantia que lhe permite esse rendimento extra. Isso é importante, porque define ao mesmo tempo os limites e as potencialidades das ferramentas digitais para influenciar as democracias. Assim como usar uma droga não irá fazer de um atleta médio um campeão olímpico, não se inventa um político apenas com ciência de dados. É preciso ter o que impulsionar, é indispensável haver uma substância, algo concreto para que a propaganda hiperdirecionada funcione. Assim, a internet e as redes sociais não substituem a política, apenas dão a ela uma nova dinâmica e novos poderes. Mas, como Wylie aponta, essa vantagem extra pode colocar em risco todo o edifício democrático e constitucional.

> Os dados são nossa nova eletricidade. São uma ferramenta. Se há uma faca na mesa, você pode fazer uma comida com estrelas Michelin ou usá-la como arma para um assassinato. Mas é o mesmo objeto. Os dados em si não são o problema, há um incrível potencial e coisas incríveis que podemos fazer com eles. Mas o que a Cambridge Analytica expôs é o fracasso, não só de nossos legisladores, mas de nós mesmos como sociedade, de impor os limites a isso.[10]

O novo petróleo ou a nova eletricidade. A metáfora é interessante: a eletricidade, como o petróleo, não tem valor intrínseco, positivo ou negativo. Como os dados, podem fazer muito bem ou muito dano; e por isso seu uso exige capacitação, regras, limites, proteções. Mas o petróleo e a eletricidade também estão no fundamento de grandes avanços da humanidade, e não somente avanços tecnológicos. As sociedades mudaram em grande parte porque souberam controlar a potência do petróleo e da eletricidade – ainda que agora a humanidade enfrente o desafio de superar os efeitos negativos desse uso acumulado, na forma de degradação do meio ambiente e impacto nos recursos naturais.

O papel do Estado será fundamental no futuro de nossa relação com as empresas digitais e as consequências das novas tecnologias no funcionamento social. As redes sociais estão em mãos de operadores privados, empresas supranacionais e de dimensões globais que estão muito pouco ou nada regulamentadas. A tomada do computador, o cabo de rede, o fornecedor de banda, tudo precisa seguir normas estritas e sofre controles e fiscalizações do Estado. Mas as redes sociais e os coletores de dados, poucas ou nenhuma. O mercado de dados é um vale-tudo: a minha identidade, a sua identidade são mercadorias à venda para gente que não tem qualquer compromisso com leis, regras, valores outros que não o próprio lucro. Ou um projeto de poder. Com dinheiro suficiente, a tecnologia e os dados estão ao alcance da mão.

Wylie afirma que o desafio é colocar ordem nas águas do tsunami de dados. Não parece fácil, mas não é impossível. Quem deve, quem quer, quem pode fazer isso é o Estado, que deveria ser o anteparo necessário para proteger os cidadãos dos novos poderes, mas quem conduz o Estado muitas vezes tem interesses comuns com os novos poderosos. O que é mais do que razoável quando o poder está, justamente, em colocar ou tirar alguém da função pública. Então, quem deveria controlar essas empresas são aqueles mesmos que precisam delas para se manter no poder. Isso se chama conflito de interesses.

O cidadão comum não parece ter preocupação a respeito: aceitamos a troca de nossa privacidade, do acesso aos dados que permitem traçar nossos perfis comportamentais e influenciar nossas decisões, pelo conforto e a conveniência de viver em um mundo conectado. Mas há um engano embutido, uma falta de transparência: quando aceitamos os "termos de uso" de uma rede, estamos dando autorização para que com as informações colhidas se façam coisas que não entendemos bem. A transparência é apenas formal e é desonesto que o Facebook se defenda dizendo que os usuários aceitam as regras de uso, como fez quando questionado pela responsabilidade no escândalo da Cambridge Analytica. Continua Wylie:

> Não há um limite estrito entre público e privado, é um espectro. O problema é que se você diz que só é privada a comunicação de um com um outro, e tudo o mais é livre para todos, poderiam pôr câmeras de vigilância na sala da sua casa. É o equivalente digital da sua sala. As pessoas se relacionam no Facebook como se falassem com amigos. Não estão publicando para que o mundo veja. O fato de que você não vá comprovar as condições de privacidade não é motivo para não respeitar essa expectativa razoável de que há certo grau de privacidade no que você publica.[11]

Os Estados devem pôr limites, mas não querem e muitas vezes não podem: quando se trata de empresas globais, há um desafio em fazer cumprir as regras e as leis de uma nação. Os usuários talvez não queiram: poderiam querer se soubessem das consequências, mas não é certo. Quem disse que não queremos ser estudados, enganados, controlados? Talvez a nossa privacidade tenha um preço e estejamos achando a troca justa: entregamos nossa intimidade, recebemos ferramentas e serviços que nos satisfazem.

No filme *Matrix*, de 1999, uma conspiração de máquinas inteligentes subjugou a humanidade e usa seus corpos como fonte de calor e eletricidade. Para isso, coloca as pessoas em cápsulas como úteros e as mantém conectadas a sistemas que lhes fornecem a ilusão de uma vida feliz. É a Matrix. O hacker Neo se depara com uma organização terrorista encabeçada por Morpheus e Trinity, que o confrontam com a decisão de desfazer a ilusão ou seguir vivendo nela. Quem assistiu provavelmente se lembra da pílula azul e da pílula vermelha: eram a escolha entre querer saber e se confrontar com uma realidade triste e sem esperança ou continuar a viver no engano.

Muito se escreveu sobre o filme. Ele ilustra as teorias mais diversas, e podemos aqui nos perguntar se não serve como metáfora do nosso estado de aceitação passiva de um poder exercido sobre nós. Deveríamos nos questionar se não estamos sendo vítimas de uma ilusão e ainda sendo cúmplices de quem nos ilude. Se não estamos praticando essa forma radical da escravidão que é a do escravo que aceita e aplaude a cessão de sua liberdade. A pergunta é até que ponto somos e podemos ser verdadeiramente livres frente a um poder invisível que atua nos alicerces mesmos de nossas crenças.

Está aqui a chave para entender a força das *fake news*. Sabendo usar o Facebook, existe a possibilidade de detectar quem é mais suscetível ao engano: há um perfil de quem acredita mais facilmente em teorias conspiratórias. É nessas pessoas que as usinas de *fake news* focam seus esforços, sabendo que haverá uma predisposição maior em acreditar nelas. Na entrevista, Wylie trata da questão:

> Uma das coisas que fazíamos nos Estados Unidos era pesquisar essa noção de *deep state* e a paranoia com o governo. Coisas como o que acontece se chegarem e levarem as suas armas. Você pode traçar o perfil de um grupo de pessoas muito receptivas a essas teorias conspiratórias, do tipo de que Obama mandou tropas para o Texas porque não está disposto a sair. Então você fabrica blogs ou sites que parecem notícias e os mostra o tempo todo às pessoas mais receptivas a esse pensamento conspiratório. Depois elas assistem à CNN e lá não há nada do que eles veem o tempo todo na Internet, e pensam que a CNN esconde alguma coisa.[12]

O que este antigo funcionário de uma empresa criada para nos enganar de maneira sistemática revela é o mecanismo para nos iludir e como evitar que possamos perceber a operação. Simplesmente não podemos querer deixar de ser enganados porque não temos informações suficientes para decidir: não enxergamos o truque. Aceitamos a troca porque, com a informação insuficiente que temos, achamos justa, conveniente ou confortável. Não temos como ter clareza do grau de enganação à que estamos sendo submetidos. Como quando a indústria do tabaco vendia cigarro argumentando que fumar fazia bem à saúde: o fumante não podia decidir sobre o risco que corria. Ou, como ficou evidente há menos tempo, como as indústrias do açúcar ou do amianto, que usaram todas as ferramentas disponíveis para esconder o dano à saúde que seus produtos causam. É então dever do Estado proteger os cidadãos, expor aqueles que os estão iludindo e colocar limites legais.

Não é fácil, mas as empresas de tecnologia e dados são entidades formais, com estatutos, e que devem seguir as leis dos países em que estão sediadas e em que atuam. Têm poder real, na forma de dinheiro, *lobby* e capacidade de influenciar as pessoas. Porém, dificilmente poderiam resistir a uma decisão firme e coordenada de Estados dispostos a colocar limites, criar regras e fazer com que elas sejam respeitadas. Sempre haverá entidades invisíveis, operadores da escuridão, mas as próprias entidades oficiais legais, donas das grandes marcas, poderiam fazer muito para combatê-la. Não há uma ação decisiva nesse sentido, e os governos parecem contar com a boa vontade dos empresários e as suas promessas de autorregulação enquanto implantam medidas de controle de monopólio e de controle de acesso aos dados dos indivíduos sempre atrasadas, sempre insuficientes.

Nesse sentido, se a União Europeia parece marcar a linha de frente em matéria de legislação, desde o direito constitucional à privacidade dos dados pessoais, o Brasil caminha, junto com o restante da América Latina, muito atrasado na matéria. Não é um desafio pequeno quando limites devem ser impostos a gigantes que funcionam em todos os países do mundo, que têm rios de dinheiro e capacidade de adaptação enorme. Está claro que se deve começar por restringir o tamanho das companhias, mas também intervir na essência das operações e na maneira como elas agem junto aos usuários.

Deixar nas mãos dos empresários a regulação do uso do próprio poder, sem contrapoderes, soa voluntarista. Seria como pedir à indústria do tabaco para reduzir os esforços por fazer seus produtos mais viciantes, a do açúcar para evitar o consumo precoce e excessivo, aos bancos para ensinar seus clientes a não gastarem mais do que ganham. No caso do tabaco e do açúcar, o que está em risco é a vida das pessoas e o orçamento das nações, que devem arcar com os custos médicos de populações doentes. No das redes sociais, coloca-se em perigo a democracia. A comparação com tabaco e açúcar não é gratuita e logo veremos por quê.

VÍCIO SEM SUBSTÂNCIA

"Engajamento" é um conceito fundamental para entender a dinâmica das redes sociais. Trata-se do grau de envolvimento dos usuários em relação a uma marca ou um site. É o Santo Graal, o que os marqueteiros buscam como coroação de um trabalho bem feito. Em inglês, refere-se ao verbo *to engage*, que poderia se traduzir por comprometer: como quando usado no termo *engagement ring* (anel de noivado), que é simbolicamente forte e nos faz pensar nas consequências do uso da expressão na política e nas redes sociais. Os profissionais do marketing querem um compromisso com as marcas que seja como um casamento, e para isso converge o trabalho de técnicos, jornalistas, designers, engenheiros, neurocientistas. Disso que se trata: de criar um vínculo tão forte que custe muito a ser rompido – como um vício ou uma compulsão, mais do que como um compromisso. Com efeito, uma relação amorosa que se assemelhasse à nossa relação com uma rede social seria taxada de doentia. Um casal com nosso grau de dependência do celular, que tivesse de se checar mutuamente 80 vezes ao dia e ficasse ansioso na ausência, ainda que temporária, do outro, deveria se preocupar com a saúde do vínculo. A nossa relação com o digital, com as redes e com o celular tem características de vício.

Numa conferência para estudantes da Universidade Stanford, Chamath Palihapitiya, ex-vice-presidente responsável pelo crescimento de usuários do Facebook, disse sentir-se culpado pela eficácia de seu trabalho na rede social. "Os ciclos de *feedback* de curto prazo, impulsionados pela dopamina, estão destruindo o funcionamento da sociedade", disse. Os smartphones e as plataformas de mídia social estão nos transformando em viciados. O truque está no algoritmo que influencia a liberação de dopamina para criar o que se chama de adição sem substância. Os brasileiros passaram mais de 3h40 por dia usando o celular em 2019. Esse número vem crescendo ano a ano e está relacionado com o que a App Annie, consultoria global especializada, chama de *micromomentos cumulativos*: as muitas vezes que repetidamente checamos o celular. Em 2017, as vezes que tocávamos a tela do celular em um único dia eram mais de 2.600. Na comparação com 2016, o tempo médio diário que as pessoas gastaram usando smartphones cresceu 50%. Na divisão por tipos de aplicativos, as redes sociais concentraram 50% das horas, seguidas pelos *apps* de vídeo (15%) e de jogos (10%). Perda de concentração e uma piora demonstrada no aprendizado são resultados do uso excessivo do celular, especialmente das redes sociais.

A dopamina está por trás dessa frequência de uso. Essa molécula é responsável pelo transporte de mensagens entre diferentes áreas do cérebro; por isso chama-se neurotransmissor. Há transmissores para diferentes tipos de informação e entre diferentes áreas do cérebro, e cabe à dopamina ser um transmissor de notícias felizes; ela é vinculada ao desejo sexual e à euforia. Da dopamina dependem a motivação, a compulsão e a perseverança. Quanto maiores são os índices de dopamina, maior a sociabilidade, maior a criatividade, mais entusiasmo. O aumento pode ser produzido por atividades intelectuais e físicas: tirar prazer em se exercitar vem justamente das doses extras de dopamina que são geradas nos exercícios físicos. Se apaixonar, aprender algo novo, viajar... tudo isso aumenta a presença de dopamina nos circuitos neuronais. Também algumas drogas podem incrementar a quantidade de dopamina circulante no corpo: o negócio do Pablo Escobar era, no fundo, a dopamina, ainda que para isso ele precisasse exportar e distribuir ilegalmente toneladas de cocaína.

Há um efeito na Psicologia chamado de *erro de previsão de recompensa* e que resulta da diferença entre a expectativa e o prêmio. Por exemplo, eu faço um teste qualquer ou passo em uma prova: sei que fui bem, espero uma nota; se a nota for boa, ou se eu receber uma congratulação, meu organismo irá liberar uma dose de dopamina que me fará sentir bem. Mas se o prêmio for menor do que a minha expectativa, a tendência será procurar me esforçar mais um pouco, na tentativa de atingir a dose de dopamina esperada. Esse fenômeno é fundamental para qualquer processo de aprendizado e é uma característica evolutiva benéfica.

No entanto, se respondi à prova mal e não espero uma nota alta, mas ganho dez, a recompensa foi acima da expectativa e a minha produção de dopamina dispara; fico feliz e relaxado. Quando o cérebro de humanos, macacos e roedores recebe um sinal de maior recompensa do que era esperado, a dopamina gerada aumenta, provocando acomodação. Já se a recompensa estiver abaixo da expectativa (eu tinha estudado, me perguntaram o que eu sabia, me esforcei e estou bastante seguro do resultado, mas...), então os neurônios recebem doses menores. Neurônios gostam de dopamina, então se põem em atividade para buscar aquilo que lhes falta. Os níveis da dopamina aumentam de maneira não linear com o valor da recompensa. Drogas de dependência geram, sequestram e amplificam o sinal de recompensa, induzindo efeitos exagerados e descontrolados no cérebro.

Receber uma curtida em um post, um comentário positivo ou um compartilhamento de algo que publicamos no Facebook ou no

Instagram provoca um disparo de dopamina. Mais notificações positivas significam mais dopamina. Facebook administra com seu algoritmo a *função de frustração controlada*: fazer com que nos sintamos suficientemente frustrados para buscar mais recompensas, quem sabe publicando mais, revisitando a página, interagindo com os outros. Nunca a recompensa será total: o cérebro sempre irá pedir mais, e lá se vai o nosso tempo nas redes sociais... E, enquanto nos lamentamos ao perceber quanto tempo perdemos na frente do computador ou do celular, as ações do Facebook crescem e alguns executivos ganham bônus: o engajamento aumentou. Nossa dependência da dopamina enriquece os acionistas da rede social.

Mede-se o engajamento em número de interações: quantas vezes o usuário faz alguma coisa com uma postagem, um texto, um vídeo. Pode ser um simples clique no ícone de "curtir" (significa que gosto) ou do coração (amo, gosto muito) ou (melhor) um comentário – ou (ainda melhor) o compartilhamento com uma ou mais pessoas, ou na própria linha do tempo. Significa que aquilo foi importante, mexeu com a pessoa. Fotos fofas, coisas engraçadas, fatos esquisitos ou heroicos nos movimentam e geram engajamento. Mas nada é tão forte quanto a raiva, a indignação, a fúria: as taxas de interação de uma publicação que nos deixa furiosos são maiores do que a média, por isso as redes sociais acabam sendo caixa de ressonância privilegiada dos indignados. Então, da próxima vez que você compartilhar, com justa indignação, um post na sua *timeline*, pergunte-se a quem interessa a sua ira. Quem você está ajudando com esse gesto simples, mas tremendamente poderoso?

INDIGNADOS.COM

> Estão por isso à tua espreita as vingativas, terríveis Fúrias dos infernos e dos deuses, para que sejas vítima dos mesmos males
> Vê bem se é por ganância que digo estas coisas!
> Num tempo não muito distante se ouvirão clamores de homens e mulheres de teu lar.[13]

Não bastam milhares de anos de civilização para segurar as Fúrias. Pessoas e sociedades aparentemente domesticadas reagem e mudam o curso do mundo. As grandes revoluções e a queda das tiranias e dos regimes ditatoriais estão muitas vezes relacionadas com o bramido de um povo. Grandes líderes souberam dar vazão a esse poder coletivo e transformar seu signo, da destruição para o nascimento de algo novo. Não é simples nem seguro controlar essa ira, mas, quando alguém consegue, então tem nas mãos uma arma e uma ferramenta poderosas.

Mestres em operar com essas paixões são os *engenheiros do caos*. A expressão é do jornalista e escritor Giuliano da Empoli, ex-assessor do primeiro-ministro italiano Matteo Renzi. Operadores do mundo digital, esses *ingenieri* entenderam que nada mobiliza mais do que a indignação. Um indignado on-line se manifesta: escreve o que pensa, compartilha aquilo que ratifica o que sente, bloqueia e cancela aqueles que o ofendem. Xingamentos, declarações iradas, convites para mobilizações virtuais ou no mundo real... as reações nas redes sociais são intensas quando as pessoas ficam bravas.

Transformar raiva em força política não é recente. Basta olhar para o destino de reis e tiranos, para as revoltas que marcaram as grandes mudanças da história. Os partidos da esquerda europeia nasceram como representantes da categoria oprimida dos trabalhadores: por meio deles os operários expressavam a cólera e reclamavam dos políticos atenção e cuidado. Em casos de muita ira, os partidos nasceram violentos. Muitas vezes a cólera tomou a forma de bombas e atentados, sequestros e violência física. Mas, de modo geral, o sistema de partidos garantiu canais para incluir os indignados na mudança dos contratos sociais, redistribuindo deveres e direitos.

Na virada do milênio presenciamos uma mudança importante na política da Europa. Partidos radicais de extrema direita, xenófobos e racistas, ocupam espaços cada vez maiores, influenciando as pautas daqueles de centro ou da direita moderada, que acabam se endurecendo, no esforço por não perder relevância. Social-democratas, conservadores e democrata-cristãos caem e, surpreendentemente, a esquerda comunista recupera espaços. Comendo o eleitorado dos grandes partidos tradicionais, outros partidos que nasceram como muito nichados também crescem: verdes, regionalistas, agrários, regionais. Mas a grande mudança são os movimentos antissistema que tomam conta dos partidos tradicionais, como na Inglaterra, com Boris Johnson à frente do Partido Conservador, ou que criam novos partidos, como Cinque Stelle, na Itália.

Essas mudanças começam nas redes sociais, e não por acaso. A política sempre se faz onde as pessoas estão. Foi na praça pública e nos cafés; hoje as redes sociais são a praça pública e, por isso, é lá que surge o novo na política. Um dos primeiros a perceber foi o italiano especialista em marketing Gianroberto Casaleggio, criador do Movimento Cinque Stelle: um partido que tem a particularidade de ser uma empresa privada e funcionar exclusivamente com base em dados de eleitores, não em qualquer premissa ideológica. Outros são: o britânico Dominic Cummings, responsável pela campanha do Brexit; Arthur Finkelstein, conselheiro do ultraconservador húngaro Viktor Orbán; e o mais famoso da turma, Steve Bannon, que trabalha na criação de um movimento global alinhado às ideias que elegeram Trump, apoiando os partidos de extrema direita europeus e em outros continentes – inclusive no Brasil. São esses os *engenheiros do caos*, no levantamento que Giuliano da Empoli apresenta para mostrar de que maneira a mudança das regras do jogo político não é nem resultado do acaso nem de lei natural, mas da ação de alguns operadores inteligentes, disruptivos e intencionados.

O que esses visionários (visionários do mal) descobriram foi o potencial de subverter a ordem estabelecida aproveitando-se da tecnologia disponível. Atiçar a raiva e se servir dela como energia foi o primeiro *insight*: uma notícia que indigna tem muito mais chances de ganhar vida on-line. Ela é comentada e compartilhada, acendendo ânimos a seu passo e crescendo na medida em que há mais gente indignada. Como um furacão, que se alimenta da energia do mar sobre o qual assopra, uma notícia que indigna ganha força ao passar pelas pessoas. Assim, a missão dos *engenheiros do caos* consiste em promover a indignação do maior número possível de pessoas, com o objetivo de somá-las às próprias forças. E isso pode ser feito de maneira mais eficiente pela possibilidade de encaminhar mensagens diferentes para pessoas e públicos diferentes, sem qualquer preocupação com a coerência. Isso foi muito bem usado na campanha do Brexit e nas eleições europeias que colocaram partidos que trabalham pelo fim da União Europeia em lugares de destaque. Para isso, bastou dar às pessoas as mensagens capazes de convencê-las, independentemente da veracidade das notícias. Dessa maneira, quem era pela proteção dos animais recebeu nas suas redes sociais mensagens argumentando que a União Europeia não faz o suficiente para evitar a caça. Aos caçadores, que em alguns países da Europa são muitos, foram dirigidos anúncios destacando que é a União Europeia que restringe os direitos de quem quer matar animais por esporte. Não há problema na contradição: ninguém lê ambas as mensagens, são públicos que vivem em planetas diferentes do sistema da internet.

Assim, constroem-se realidades paralelas que são coerentes com as crenças profundas, os medos e as prioridades de grupos que se constituem em ambientes virtuais. Como numa seita cujos acólitos somente recebessem notícias do mundo exterior pelo filtro dos discursos do líder: ele poderia escolher o que informar e o que não, qual o tom e qual a explicação dos fatos, procurando sempre aquilo que reforça seu discurso. Para um seguidor da seita, as notícias que desmintam o líder devem ser falsas, motivadas por ódio ou medo daqueles que não foram iluminados pela verdade. A comunicação digital faz algo bastante parecido: permite um recorte das notícias que sustentam narrativas fechadas sobre si mesmas. Os acólitos seriam aqueles usuários das redes sociais que o sistema detecta como com maior tendência a acreditar em certo tipo de história, vulneráveis à manipulação. As redes sociais fazem com que essas pessoas se encontrem, ratificando as próprias crenças absurdas e reforçando o sistema de valores que as sustentam. Uma pessoa com tendência a acreditar em teorias conspiratórias e que pensa que os fracassos e dissabores da vida são consequência da maldade de pessoas que operam no escuro para prejudicá-la receberá notícias (as chamadas *fake news*) desenhadas para lhe dar razão; as compartilhará com aqueles que acompanham as suas crenças e que, por sua vez, irão lhe dar razão. Podem então conviver *terraplanistas* com os que acreditamos que a Terra é uma esfera – podem nos chamar de *esferopatas*. Já não se trata de diagnósticos diferentes sobre a mesma realidade, mas de realidades diferentes, construídas para sustentar sistemas de crenças que são incompatíveis entre si. O que cria uma dificuldade muito grande para a democracia: se a realidade que eu vejo não é a realidade de todos, se o meu real difere do de meu vizinho, como conseguir consenso, como sequer gerar uma discussão que tenha minimamente sentido?

NOVOS ATORES, VELHAS TENSÕES

O que a ciberpolítica logrou foi atrair públicos que estavam lá, invisíveis para a política tradicional. Fantasmas, não representados pelo discurso instituído, ignorados pelos partidos políticos e pela grande mídia. As redes sociais lhes deram ouvidos e fizeram aparecer medos e anseios, raiva reprimida que de uma hora para a outra ganhou voz e braço. Assim, eles se tornaram novos sujeitos políticos e se colocaram no centro de uma cena que até então lhes era alheia.

Aquilo que não pode ser reconhecido pela consciência é o que a Psicologia chama de *sombra*: o que reside no mais profundo de nossa psique e que, se pudéssemos ver, iria nos envergonhar e deveríamos mudar para nos tornarmos pessoas melhores. Todos temos um lado sombrio; alguns deixam a vida ser tomada por essa sombra, mas é possível reduzir seus espaços se estivermos dispostos a fazer o esforço. Numa sociedade, a sombra está formada pelas emoções negativas ocultas pela censura social ou pela lei. Quando não pode se ofender alguém pela cor da sua pele e quando expressões públicas de violência são banidas, a sociedade está se protegendo da própria sombra. O negativo não foi eliminado: ele está à espreita, forçando para se fazer visível. Mas o que está oculto pode sair à superfície na voz de um líder como Bolsonaro. Preconceito, ódio e ressentimento ganham o espaço público, tornam-se aceitáveis e até desejáveis para uma parte da população, marcas de identificação entre aqueles que já não estão mais dispostos a fazer o jogo do que é bom para uma convivência democrática – o que eles chamam, de maneira depreciativa, de politicamente correto. Assim, ganha visibilidade gente que se vangloria da capacidade de machucar e de ofender, que faz da grosseria e da violência motivos de orgulho, sustentos da identidade.

A violência no Brasil é estrutural, está inscrita na sociedade e se manifesta de maneiras diferentes; se fez visível, mas só estava oculta para quem não quisesse olhar. Havia uma ilusão instalada onde a ditadura não tinha sido tão mortífera quanto as da Argentina ou Chile. O racismo era negado e tomado quase como ofensa se um estrangeiro fizesse notar que numa grande empresa negros só trabalhavam (e ainda trabalham) limpando banheiros ou servindo café. Não eram vistos como violência a empregada negra com uniforme branco carregando a criança para a patroa, nem os seguranças uniformizados e as cercas elétricas separando o aconchegante mundo privado do barulho sujo das ruas paulistanas. Trabalho escravo, desigualdade estrutural, gente morrendo de fome a poucas quadras de mansões milionárias, apropriação da natureza em nome do lucro: nada disso era nem é visto, protegido por uma cegueira seletiva a serviço da preservação de uma ilusão. Tanta é a vontade de não enxergar a violência que a informação de que o Brasil é o país que mais mata no mundo indigna pouco; com menos de 3% da população mundial, os mais de 70 mil assassinados por ano são mais de 12% dos homicídios do mundo todo.

Essa violência toda, que ainda permanece em grande parte oculta para a maioria, começou a se fazer mais visível na última década. A tensão entre ricos e pobres, entre dominadores e dominados, se fez explícita no surgir das Fúrias desencadeadas. De um lado, despertou a cólera de quem tinha se deixado iludir por promessas no passado, de quem acreditou que era a vez dos pobres, que os doutores e os ricos iriam, desta vez, sim, se preocupar com os mais frágeis. Gente que espelhou seu futuro na novela das 8 e que quando o país faliu foi a primeira a ser descartada do grande sonho nacional. Essa é a base bolsonarista das periferias, gente que se viu traída pelo PT e que entendeu que na corrupção de políticos gananciosos estava o motivo de não ter melhorado de vida, como tinham lhe prometido.

A elite branca também estava brava. Pode parecer contradição, mas o motivo era simétrico: o PT tinha ameaçado reduzir seu espaço de privilégios. A esquerda no poder questionava a legitimidade de uma situação que lhe é confortável – e nisso o Brasil é igual ao resto da América Latina. A casa-grande não poderia tolerar uma revolta da senzala e passou a valer tudo para impedi-la.

Essas paixões longamente reprimidas são o sustento do bolsonarismo, que é uma forma de fazer política trazendo à superfície aquilo que a sociedade mantinha oculto. O mérito do capitão reformado foi dar vazão, criar um canal para fazer pública a raiva que estava falando aquilo que deve ser calado por respeito aos outros. Pode parecer paradoxal, mas o mecanismo funciona para ambos os lados do conflito, que se unem para preservar aquele que faz visível a tensão. Quando os sentimentos reprimidos se dizem em alta voz, quem fala torna-se aquele que "não tem medo de dizer o que pensa" ou "que diz a verdade" e quem diz é visto como um herói que enfrenta o "politicamente correto" ao libertar os seus iguais. Bolsonaro foi o catalisador das tensões subterrâneas da sociedade brasileira, por isso seu jogo foi sempre manter o país crispado, jamais acalmar; a sua base mais fiel exigiu a confrontação permanente e qualquer gesto pacificador foi tomado como traição.

Numa coluna-ensaio publicada no *El País* logo após a eleição do novo presidente, a jornalista e escritora Eliane Brum tentou definir os contornos do fenômeno pelo perfil de um eleitor que representaria os 58 milhões de pessoas que votaram no capitão. Bolsonaro oferece, diz ela, a visão do mundo de um tio que todos temos na família e que toleramos com certo desconforto quando faz em voz alta seus comentários machistas, suas piadinhas homofóbicas. O "politicamente correto" limitava os direitos desse sujeito – o que ele entendia serem seus direitos.

> É esse brasileiro "acorrentado" que votou para retomar seus privilégios, incluindo o de ofender as minorias, como seu representante fez durante toda a carreira política e também na campanha eleitoral. Para muitos, o privilégio de voltar a ter assunto na mesa de bar – ou o de não ser reprimido pela sobrinha empoderada e feminista no almoço de domingo.[14]

Brum observa que esses brasileiros querem alguém igual a eles no governo, não alguém melhor. Estão dispostos a abrir mão de liberdades em troca de uma redenção, de uma volta à ordem que os deixa confortáveis e seguros. Pessoas que não estão dispostas a conviver com aquilo que questiona as suas certezas simples: são contra um mundo complexo e cheio de matizes, contra mudanças que não chegam a compreender.

Indignação, medo, ressentimento são o combustível que mantém funcionando o motor da extrema direita. Não é diferente em países como os EUA, Inglaterra, França e Itália. A vitória de Donald Trump teve como sustento o "povo" constituído a partir da outrora poderosa classe trabalhadora do chamado "cinturão da ferrugem", dos estados de Ohio, Michigan, Wisconsin, Illinois e Indiana. A região já teve uma organização sindical poderosa, nos tempos em que a produção industrial tinha um peso relevante na economia norte-americana. Essa importância, porém, foi erodindo por causa da globalização, dos tratados de livre comércio e do crescimento de outros jogadores internacionais, especialmente a China. Isso causou uma queda nos salários e no emprego dos trabalhadores e uma crescente frustração. Havia raiva reprimida e uma sensação de abandono por parte da classe política, e a campanha de Trump soube explorar isso com maestria. Foi fácil construir um inimigo: os imigrantes, os estrangeiros, a esquerda das grandes cidades, os ricos e poderosos de Wall Street e de Washington, mais preocupados com o politicamente correto e com os direitos de povos exóticos do que com o bem-estar dos norte-americanos de raiz.

É revelador como Trump reagiu à pandemia da covid-19. E com ele, seu imitador brasileiro, Bolsonaro. Jogar a culpa nos outros (na China, na mídia, nos cientistas), polarizar apelando à base de eleitores, quebrar as regras, mentir deslavadamente, mudar o discurso e fazer cálculos eleitorais de curto prazo, sem se importar com o sofrimento ou a vida dos cidadãos. Como teste para os governantes, a crise global foi um belo laboratório. Como teste para os governados, também: massas de pessoas se expondo ao contágio para seguir seu líder apesar das evidências do risco, desprezando as regras e o consenso das autoridades de saúde. Tudo por causa da necessidade de acreditar naquele que promete soluções simples, que sabe mais que os especialistas e que fala uma suposta língua do povo. Como numa seita, vale mais a palavra do líder do que as evidências da ciência, e a crença é tão forte que muitos preferiram morrer antes que mudar de opinião.

Na Grã-Bretanha, o movimento de extrema direita criado para promover o voto pela saída da União Europeia em 2016, o UKIP, foi chamado de "revolta dos deixados para trás". O cientista político Theófilo Machado Rodrigues destaca que esses eleitores são, em sua maioria, habitantes de cidades pequenas que no passado viviam da mineração e da indústria. Com a virada ultraliberal do governo de Margaret Thatcher, nos anos 1980, essas cidades industriais tornaram-se fantasmas e suas populações, que tradicionalmente votavam em candidatos trabalhistas, sentiram-se deixadas para trás. O UKIP soube captar esses votos com um discurso coerente com a experiência de vida desses eleitores: "O discurso de que a culpa desses imigrantes tirarem empregos dos trabalhadores ingleses era de dupla dimensão: no campo exterior, a responsabilidade era da União Europeia; internamente, o inimigo era a elite financeira de Londres."[15]

A França, fundadora da democracia moderna e dos direitos humanos, sofre também o embate do populismo de direita. Os grandes partidos do século XX desmancharam. E, se não governa hoje o partido de extrema direita que Jean-Marie Le Pen fundou nos anos 1970 e que hoje comanda sua filha Marine, é porque surgiu um animal político de instintos suficientemente rápidos e bons reflexos como Emmanuel Macron. Mas o embate final na eleição presidencial foi contra o partido anti-imigração, que por sua vez ficou pouco acima do partido de esquerda de Jean-Luc Mélenchon. Na primeira rodada, entre os mais pobres, 32% dos votos foram para a extrema direita, frente a 25% para o partido de esquerda; 45% dos trabalhadores votaram em Le Pen e 21% em Mélenchon, candidato da esquerda.

O professor e cientista político francês Pascal Perrineau é autor de dois livros que buscam entender como e por que isso ocorreu. Perrineau afirma que o fenômeno não é novo e que nos anos 1930 a ascensão do fascismo foi alimentada por eleitores que antes foram de esquerda. Mas, diz, uma espécie de pacto de intelectuais de esquerda sempre impediu que esse fato saísse à luz para ser analisado, pensado e discutido.

Nem todos os eleitores de Le Pen são iguais: alguns acompanham o movimento da extrema direita desde seu início, muitos estão desiludidos com a direita tradicional, e há os que vieram das esquerdas, e que também não são homogêneos.

Impressiona o quanto a descrição desses eleitores da extrema direita é semelhante à dos EUA e da Grã-Bretanha. Empregados sob ameaça de perder o salário, que já foi reduzido, desempregados, gente que faz bico... É a base da pirâmide de renda na França, moradora das periferias e dos antigos distritos industriais afetados pela crise. Nesse "eleitorado da crise", a extrema direita recruta seus novos apoiadores.

Há nesses eleitores uma ruptura com o passado, diz Perrineau, mas eles não experimentam suas viradas políticas como traições: dizem que não foram eles que mudaram, mas que foi a esquerda que mudou e os abandonou. A evolução do Front National em direção a um conjunto de medidas "sociais" (manutenção das 35 horas de trabalho semanais, aposentadoria aos 60 anos, aumento de salários baixos) contribuiu muito para lhe garantir esse eleitorado de esquerda.

Outro cientista político francês, Luc Rouban, usa o conceito de *matéria escura da política* para designar as estruturas invisíveis, mas determinantes, da relação das pessoas com a política. Em astronomia, matéria escura é a massa invisível que estrutura o universo e condiciona a formação e a vida das galáxias, daí a metáfora para explicar de que maneira o enfraquecimento da confiança nas instituições determina o curso das evoluções sociais. A matéria escura da democracia é precisamente o que o movimento dos indignados na sua versão francesa dos coletes amarelos fez aparecer nas ruas: "A sociedade marcada por expectativas e esperanças decepcionadas, mobilidade social descendente, restrições financeiras, rebaixamento diário para a insignificância", diz.[16]

Não é a desigualdade, não é a pobreza, não é a corrupção o que explica o surgimento dos populismos de direita: são as expectativas frustradas. É o que defende o cientista político argentino Andrés Malamud, analisando os protestos que em 2019 sacudiram boa parte da América

Latina, do Chile à Colômbia. O que parece ajudar a compreender a indignação das classes populares brasileiras com o governo Dilma, na sequência de anos de caminhar em direção ao sonho despertado por Lula. Quem foi pobre a vida toda, e espera continuar pobre, é diferente de quem viu a possibilidade de sair da pobreza, teve essa perspectiva alimentada e depois frustrada, diz Malamud.

São necessárias novas categorias para designar esses atores que a participação política não apenas revela, mas também constrói como identidades até então não representadas no político. Na coluna do *El País* que citamos, Brum aponta em direção ao brasileiro mediano, o homem medíocre, e essa pode ser uma dessas categorias, mas não é a única – e tem a desvantagem de ser claramente pejorativa. Dificilmente poderá servir para alguém se autodefinir. É uma categoria externa, feita de cima para baixo, que carrega um julgamento negativo e com isso afasta qualquer possibilidade de compreensão verdadeira. Podemos pensar também na categoria dos deixados para trás, dos esquecidos, dos descartados: aqueles que o sistema considera prescindíveis. Pessoas como as que fizeram parte do 15-M, o movimento dos indignados que foram às ruas na Espanha em 2011. Talvez esse seja um bom termo para denominar essa categoria ainda não claramente compreendida pelos teóricos: indignados.

Uma tendência das esquerdas é demonizar ou desprezar o eleitor de uma proposta como a de Bolsonaro. Pode ser o maior erro na hora de buscar entender o que fez que uma mulher jovem, antes eleitora do Lula, tenha depositado seu voto no capitão reformado que publicamente despreza mulheres, que as insulta e as agride. Para escutar as razões de um gay declarado e culto que prefere eleger um homofóbico tosco antes que votar num professor universitário, tolerante e educado – mas representando um partido que lhe provoca rechaço e medo. Quem quiser recuperar os eleitores perdidos para a extrema direita deverá escutá-los; não para convencê-los, mas para compreendê-los. Deverá deixar de lado o preconceito e o slogan e sair para ouvir esse cidadão que não se parece com o que a cartilha mostra. Será necessário compreender quais necessidades a proposta política encarnada por Jair Messias Bolsonaro veio atender.

POPULISMOS DE ESQUERDA E DE DIREITA

Em visita ao Brasil em 2019, o sociólogo e pesquisador das redes sociais Manuel Castells, autor de 26 livros e doutor *honoris causa* por 18 universidades, fez um diagnóstico do momento do país:

> Vocês estão vivendo um novo tipo de ditadura. As instituições estão preservadas, mas se manipulam tanto por poderes econômicos, quanto por poderes ideológicos. Isso se faz acusando de corrupção qualquer tipo de oposição. Como a corrupção está em toda parte, então persegue-se apenas a corrupção de políticos e personalidades que se oponham ao regime. Esse tipo de ditadura só pode funcionar com um povo cada vez menos educado e mais submetido à manipulação ideológica. Nosso mundo da informação é um mundo baseado nas redes sociais e nas redes sociais há de tudo. Elas permitem a autonomia dos indivíduos, acreditávamos que era um instrumento de liberdade e é, mas é uma liberdade que é usada tanto pelos manipuladores como pelos jovens que tentam mudar o mundo. Foram desenvolvidas técnicas muito poderosas de desinformação e manipulação, que incluem a utilização massiva de robôs manipulados por organizações e financiadas pela extrema direita internacional, que estão preenchendo as redes sociais e manipulando-as muito inteligentemente, de forma que a construção coletiva do que ocorre na sociedade está totalmente dominada por movimentos totalitários, que querem ir pouco a pouco anulando a democracia. Por isso, é preciso atacar a educação, atacar os professores, as universidades, as humanidades e as ciências sociais, que são áreas que nos permitem pensar. Tudo o que significa pensar é perigoso. Por isso, digo que é uma ditadura, ainda que de novo tipo. É uma ditadura da era da informação.[17]

O Brasil não dormiu plural e acordou polarizado. A polarização que iria derivar em um governo protofascista e autoritário, colocando em risco as instituições da democracia, começou a se gestar de maneira progressiva e intencionada. Nasceu na mídia tradicional, mas foi quando ocupou as redes sociais que ganhou corpo e presença, se fazendo visível e tomando conta da cena até se transformar em um problema maior, fator central na política e na sociedade.

Polarização é um fenômeno de concentração de posições opostas e excludentes. "Comigo ou contra mim", defende o político que ocupa um polo. Estratégia eleitoral, a polarização pode ser simples (um contra todos) ou dupla (dois polos opostos). Neste caso, convém às duas partes, que a alimentam para forçar a exclusão dos meios. É um desserviço que os políticos fazem à democracia, mas normalmente eles se justificam na necessidade de excluir o outro, muitas vezes odiado, temido, ou ambas as coisas. Uma eleição polarizada obriga as pessoas a escolher o mal menor. Boa parte dos eleitores brasileiros conhecem a sensação de votar em um candidato ou partido no qual nunca imaginaram que poderiam votar, apenas para impedir o outro de vencer. Polarização leva a democracias tristes: vota-se contra os próprios princípios, vota-se com desgosto, levado muito mais pelo rechaço a um candidato que pela adesão ao outro. Foi o caso para os eleitores americanos quando tiveram de escolher entre o misógino, grosseiro, xenófobo e mentiroso Donald Trump e Hillary Clinton, vinculada às estruturas de poder encravadas em Washington, responsáveis por uma forma de se fazer política antipopular, afastada das pessoas. Polarização é feita da mesma matéria que o populismo. Estratégias populistas buscam a polarização como forma de garantir apoio até mesmo dos críticos.

Na América Latina, há novos movimentos populistas, que podem ou não vencer eleições, mas são uma presença palpável. Tendem a crescer nos espaços deixados pela retirada de políticos e partidos atingidos pela corrupção e graças à aceleração da desigualdade econômica que, somada à crise, erode as melhorias sociais alcançadas desde 2003.

Estimulados pelas elites e com todo o impulso que proporciona a mídia digital, os populismos de direita baseiam seu sucesso em bandeiras que ergueram os populismos de esquerda há uma década: a dicotomia entre pessoas "boas" e "más" e com a oligarquia. E, se a demagogia e o populismo estão longe de declínio na América Latina, vemos um aumento na presença global, num contexto favorável (estagnação econômica), exemplos bem-sucedidos a imitar (Donald Trump) e líderes carismáticos que aspiram a aproveitar o novo impulso populista.

No fundo, algo bastante comum, aponta o cientista político Moisés Naim:

> A coisa mais interessante sobre Trump, como produto político, não é o quão excepcional é, mas o quão comum é nestes tempos de antipolítica. Os "terríveis simplificadores" proliferam quando a incerteza e a ansiedade na sociedade crescem e é por isso que hoje elas são uma tendência global. Eles estão por toda parte. Mas Trump é a manifestação mais perigosa dessa tendência. E, nisso, é excepcional.[18]

Existe polarização com apenas um partido ou um líder dividindo os eleitores a favor ou contra. O Brasil já viveu isso nas eleições em que a opção a favor ou contra o Partido dos Trabalhadores (PT) mandava sobre a diversidade de outros candidatos. A polarização era PT/Anti-PT, e no segundo grupo juntavam-se todas as cores da política, sem mais motivo de estar juntos que o de impedir a chegada ao poder de um candidato petista. Mas um polo de oposição pode se transformar em força política organizada, e então a divisão cristaliza. Encruzilhada difícil para quem deve votar: ou você está comigo, ou você está contra mim. E o que acontece quando eu não estou de acordo com nenhum dos dois? Simples: eu desapareço da cena política, sou esmagado e me torno invisível pelo jogo de opções binárias, que não dá lugar a nuances.

No Brasil, Bolsonaro soube aproveitar a onda de antipetismo e foi eleito com um discurso de ódio e de ressentimento apenas disfarçado por trás de valores conservadores e uma agenda econômica ultraliberal. Mas Bolsonaro era o mal menor para quem via no PT a maior maquinaria de corrupção da história brasileira e um projeto de hegemonia no poder. Para um grande número de eleitores, a escolha foi entre um partido de ladrões e a antipolítica. A opção pelo voto útil, que justificou apoiar um candidato misógino, apologista de torturadores e de inteligência limitada, daria lugar mais tarde a muitos arrependidos; somá-los a um projeto de oposição passou a ser o caminho para tirar a extrema direita do poder.

Para os democratas que vivem sob um governo populista, um segundo polo pode ser a única forma de evitar uma tomada definitiva do poder pela extrema direita. É uma alternativa de alto risco para a democracia e talvez seja o maior trunfo dos populismos: querendo combatê-los, os democratas acabam se transformando em seus complementos necessários. O dilema, de difícil solução, fortalece posições extremas, limitando o debate e a inteligência, reduzindo o espaço das opções minoritárias.

Em 2017, o ex-primeiro-ministro britânico Tony Blair fez sua aposta: "Se confrontar populismo de direita com populismo de esquerda, o populismo de direita vencerá". Até o momento isso vem se comprovando na Europa e nos Estados Unidos: na Grã-Bretanha, Boris Johnson esmagou James Corbin, na França foi a candidata da extrema direita Marine Le Pen quem passou para o segundo turno, e não seu opositor de esquerda. Uma retórica de esquerda seria capaz de atrair os votantes europeus mais do que os discursos de Salvini, Le Pen, Vox? Ou a virada à direita na Europa, e talvez no mundo, é irreversível? Até o argentino Mauricio Macri e o brasileiro Bolsonaro, o populismo latino-americano tinha servido a projetos de poder de esquerda: Evo Morales na Bolívia, Hugo Chávez na Venezuela, Néstor Kirchner na Argentina... Mas a direita aprendeu, e isso é uma boa notícia: não precisou das armas para se colocar no poder na Argentina. O Brasil deu um passo além, pois gerou uma direita extrema e autoritária, com conteúdos fascistas que o macrismo não teve.

Para romper a hegemonia dos grandes partidos, Bolsonaro usou uma construção retórica segundo a qual o PT seria o caminho para o Brasil se converter numa ditadura, "numa Venezuela", que era o partido dos mais corruptos, uma avançada do "marxismo cultural", com uma mistura de doutrinamento homossexual para crianças e obscuras confabulações comunistas. Nas redes de WhatsApp circularam mensagens de aparência tosca e simplista. Talvez isso não teria bastado se a principal figura da oposição, o ex-presidente Lula, não estivesse na prisão. Ou se Bolsonaro não tivesse recebido uma facada na barriga durante a campanha, transformando-se em um sobrevivente, um escolhido – a imagem foi bem trabalhada. O conjunto foi eficaz, suficiente para eleger um medíocre deputado de carreira como o antissistema capaz de mudar o rumo do país e acabar com os privilégios e a corrupção da classe política.

Não foi o PT quem mais perdeu com a polarização: a direita tradicional foi varrida, junto com outras alternativas pluralistas. Mas a campanha de Haddad apostou na força da TV e esteve muito longe do bolsonarismo em qualidade de comunicação digital. Essa é uma autocrítica que a esquerda não faz; é mais confortável se refugiar nas certezas, menosprezando a estética popular e cultivando certa nostalgia filosófica que tem horror a fenômenos autenticamente brasileiros como Anitta, Péricles (não o grego...), Nego do Borel ou Wesley Safadão.

No mundo, até agora, o ciberpopulismo de direita está vencendo. É possível que a mensagem de extrema direita caiba melhor num formato de populismo digital que uma de esquerda ou de uma direita ética. A simplificação das soluções para problemas complexos (muralha na fronteira, armas para população, cloroquina), que caracteriza os populismos de direita, pode ser adequada para formatos digitais, mas essa explicação não basta: populismos de esquerda simplificam tanto quanto os de direita.

Talvez a chave esteja na noção de valor.

VALORES

Alguns pensadores chamam nossa era de pós-moderna. Esse conceito tem história.

A modernidade, cuja origem remonta ao ano 1500, é um período da história marcado pelo império da razão e o consequente abandono das religiões. É a era do desenvolvimento vertiginoso das ciências empíricas e dos grandes avanços tecnológicos. O otimismo é a marca fundamental da Modernidade, um movimento que nasce na Europa e se espalha pelo mundo com sua mensagem positiva. A fé no futuro da humanidade, a confiança num porvir brilhante e as grandes utopias são próprias do homem moderno, que tem na subjetividade o seu fundamento, mas no coletivo a possibilidade de realização.

O objetivo da modernidade era liberar o homem, deixar as suas forças deslancharem, e em muitos sentidos o conseguiu. Basta olhar para os progressos nas ciências, proezas como ter saído da superfície planetária, primeiro para voar na atmosfera e depois para alcançar outros objetos celestes, a extensão da validade de nosso corpo, o domínio de forças naturais. Mas o homem moderno viu as Grandes Guerras dizimarem as nações ilustradas que lhes deram origem, o sistema capitalista colapsar e muitas das promessas evaporarem. O projeto faliu e um dos preços que pagamos foi a perda do coletivo pela entronização do indivíduo. Um indivíduo que, porém, não anda pelo mundo sem dificuldades e que acaba estilhaçado no século que nos precede.

No século XX, as relações interpessoais e sociais deixaram de representar suportes seguros para a determinação da identidade. É então que surge o sujeito pós-moderno, que é o do nosso tempo e cuja identidade está fragmentada e dispersa, é descentrada e instável. Um sujeito que precisa de ajuda para não desmanchar – lembrando a frase de Marx e Engels: "Tudo que é sólido desmancha no ar." A pessoa dilacerada, arrastada por mudanças vertiginosas que geram medo e angústia, ansiedade que necessita ser acalmada e contida.

Isso tem consequências profundas na definição das formas de representação política. Até as últimas duas décadas do século XX era comum conseguir prever a preferência eleitoral de alguém sabendo a que classe ou grupo social ela pertencia: era o coletivo quem determinava as escolhas eleitorais do indivíduo, em função de um sonho compartilhado com os pares. Isso mudou e os valores individuais passaram a ter maior peso na hora de escolher em quem votar. É um dos motivos pelos quais na Europa operários que sempre votaram nos grandes partidos da esquerda hoje apoiam a extrema direita e no Brasil um grande número de eleitores do Lula migrou para Bolsonaro.

Para entender como houve essa mudança, precisamos nos deter sobre valores. Valores são o conjunto de crenças que definem as escolhas pessoais mais importantes. Com quem me relaciono, como reajo em uma situação-limite, a minha ocupação, isso tudo é definido por essas certezas. Os valores são o ponto zero da identidade pessoal que se constrói como uma narração. Sou essa história que conto quando me perguntam quem sou. Essa história está pautada pelos valores: nas escolhas que eu fiz, nos modos de agir, mas também na forma de interpretar o que aconteceu comigo e o que eu mesmo fiz. Os valores são a lente através da qual vejo e compreendo o mundo e a mim mesmo.

Valores vêm com a língua e a religião, na época, na cultura em que nascemos. Podemos contestar e mudar alguns, mas outros permanecem inalterados ao longo da vida: são parte da identidade que não muda, os traços de caráter. Estão na origem muitas vezes invisível de nossas motivações profundas. Eles *determinam* nossas escolhas: não podemos fazer aquilo que irá contrariá-los, e quando fazemos adoecemos ou fracassamos. Quem morre por uma causa, morre por seus valores. E são os valores comuns que reconhecemos no outro que nos aproximam de maneira irresistível: fundam amizades, parcerias, sociedades. Clubes, partidos políticos, ONGs são feitos de valores compartilhados. Um meio de comunicação que diz aquilo com o que concordo, defende valores que eu reconheço como meus.

O psicólogo social americano Shalom Schwartz é uma referência indispensável nesse tema. Ele demonstrou como os valores pessoais se organizam em uma estrutura universal, presente em todas as culturas. São dez valores básicos que se complementam ou se contrapõem, com pesos diferentes.[19] Os valores na política são reflexo desses valores individuais, como ficou demonstrado num estudo publicado em 2014, desenvolvido por uma equipe de pesquisadores em 15 países, entre eles o Brasil.[20] Os valores políticos classificados para esse estudo foram:

- *Moralidade tradicional*: necessidade de que uma sociedade proteja seus valores morais, religiosos e familiares.
- *Patriotismo cego*: apoio incondicional, sem questionamentos ao próprio país.
- *Lei e ordem*: aceitação de que o governo deve proibir atividades disruptivas e forçar a obediência às leis.

- *Livre empresa*: defesa da não interferência do governo na economia.
- *Igualdade*: crença de que a sociedade deve distribuir oportunidades e recursos de maneira equilibrada.
- *Liberdades civis*: crença de que todos deveriam ser livres para atuar e pensar da forma que julgarem ser a melhor.
- *Intervenção militar estrangeira*: apoio ao uso de recursos militares para lidar com questões internacionais, se necessário.
- *Aceitação de imigrantes*: defesa da ideia de que imigrantes estrangeiros contribuem de maneira positiva com o próprio país.

Esses valores políticos se relacionam de maneira direta com os valores pessoais básicos, organizados em quatro campos: abertura à mudança, oposta ao conservadorismo, e autotranscendência, contraposta à exaltação de si. Os valores se organizam numa estrutura circular em que os mais afins ficam lado a lado e os que se opõem, em quadrantes opostos. Assim, valores pessoais ligados ao individualismo, como *poder* e *realização*, são contrapostos a valores como *universalismo*. Tendemos naturalmente a apoiar posições políticas que são coerentes com nossos valores pessoais.

Os valores, tanto pessoais quantos políticos ou coletivos, têm mais importância na medida em que conduzem a ação efetiva, mas servem para julgar situações de todo tipo: comportamentos, fatos e pessoas. Por isso compreender quais são os valores que estruturam uma identidade social ou individual permite entender melhor as escolhas políticas. Mais e melhor do que pertencer a um grupo social.

Um homem homossexual pode encontrar no discurso de um candidato homofóbico valores que o levem a votar nele. Um pobre que vota naquele candidato que convém aos mais ricos está agindo em defesa de valores importantes, ainda que para um observador a escolha possa parecer uma incoerência. Quais valores um candidato defende nem sempre é claro, e o uso de técnicas de marketing digital para vestir a imagem dos candidatos de acordo com as preferências individuais dificulta mais ainda essa percepção. Dificilmente somos conscientes de que são nossos valores que definem o voto.

O marketing político digital personaliza as mensagens para que elas sejam mais eficazes, apelando aos valores individuais básicos. Essas mensagens são enviadas de maneira direta, prescindindo da intermediação do partido político, dos atos públicos de campanha e dos meios de comunicação: é a grande vantagem para os candidatos não filiados à política tradicional ou vindos de partidos muito pequenos. Assim, na comunicação *one to one* (um para um) há uma eliminação de fato das instâncias do coletivo, do plural.

A primeira consequência é abrir o espaço para pessoas que não iriam normalmente ser militantes, se militar exigisse se filiar a um partido, participar de assembleias ou manifestar nas ruas. Também não é preciso qualquer elaboração teórica, nem uma adesão forte a uma causa: basta dar um clique ou encaminhar um meme de casa para dar vazão a um sentimento. A política se faz possível para pessoas que nunca imaginaram se envolver com ela ou que, diretamente, a rejeitam. Gente que se limitava a cumprir com a obrigação de ir votar a cada eleição ganhou a possibilidade de se fazer ouvir nas redes, podendo até ajudar a eleger um candidato de seu gosto.

Somar novas vozes e novos atores ao cenário político pode ser bom para a democracia. O problema é quanto essa nova forma de participação política desmancha o coletivo. As redes sociais, por trás da aparência de comunidade, favorecem o individual – discursos individualistas encontram nelas terreno fértil. O fato de o marketing político em redes chegar ao indivíduo tem consequências no perfil do eleitor que ele consegue atrair. Há um casamento virtuoso entre o meio e a mensagem, entre uma forma de militância e de participação nas questões públicas e uma proposta de olhar para o coletivo numa perspectiva individualista. Não caberia nas redes uma mensagem como "Trabalhadores do mundo, uni-vos". O apelo que funciona é à pessoa, ao singular, nunca ao coletivo, e isso é próprio da comunicação digital: vale para vender refrigerantes, carros ou presidentes.

Um partido político é a associação entre pessoas em torno de valores compartilhados, encarnados em um corpo comum. Escolher uma associação de pessoas como meio para defender os próprios valores é um gesto político em si: diz que se acredita na capacidade do coletivo, reconhece seu papel. Promover o abandono das instâncias coletivas de representação tem consequências diretas naquilo que se compreende como política. É isso que ocorre com a desintermediação própria da ciberpolítica, que é intrinsecamente individualista. Substitui a rua barulhenta e caótica pela assepsia clean de uma tela de celular. A ciberpolítica é uma política descarnada, sem corpo e sem rua.

Tradicionalmente, líderes populistas querem representar de maneira direta a vontade do povo – por exemplo, sem congresso, representação do coletivo. O líder populista do século XX necessitava um partido para governar; ele podia chamar de movimento, como o fascismo ou o peronismo, e então estruturar não como representação de valores comuns, mas como uma maquinaria de conquista e manutenção do poder. Um partido fascista se faz por devoção ou submissão, não pela relação com os pares. Apela a sujeitos que aceitam ser dominados em troca de seu poder de dominar.

Na ciberpolítica, um partido pode ser substituído por uma empresa privada, como na Itália, ou usado apenas como estepe a caminho do poder. Essa redução dos partidos políticos vem junto com uma depreciação da política em si e dos políticos em geral: é uma ação necessária para o projeto do ciberpopulismo. O espaço deixado pela política e pelos partidos deve ser preenchido, e é aqui que entram os engenheiros do caos.

Quando um cidadão comprova que aquele político em que votou não cumpre com as promessas de campanha; quando o descobre envolvido em escândalos de corrupção; quando uma vez ou outra a democracia o desaponta, então a indignação aparece. A fé naquela pessoa e a crença naquele partido podem ter acabado, mas os valores que levaram o indivíduo a apoiá-lo ainda estão aí, esperando uma proposta que os atenda.

É esse espaço que ocupam as propostas simplificadoras do populismo digital, com toda a força das técnicas de marketing para ajustar a mensagem àquilo que o público quer ouvir. Há crime nas ruas: mais armas, mais policiais, menos imigrantes – e não soluções mais complexas que requerem uma compreensão da dinâmica de uma sociedade. A política é transformada em algo sujo que deve ser substituído. Os *outsiders* se apresentam como puros e eficientes: empresários como Sebastián Piñera no Chile ou Mauricio Macri na Argentina, Donald Trump nos Estados Unidos. Ou pessoas normais, o bom senso encarnado no cara que fala "a língua do povo", diz "as coisas como são".

As demandas são justas, a indignação tem motivos claros e os valores em jogo não podem ser ignorados. O desafio para a democracia é dar espaço legítimo às reclamações da população que hoje alimentam projetos antidemocráticos.

Na América Latina, como no resto do mundo, a política está degradada; grandes escândalos de corrupção envolvendo os líderes e os partidos populares, administrações muitas vezes caóticas e um bombardeio midiático tenaz enfraquecem as posições da esquerda. Depois de quase duas décadas de reduzir a desigualdade até níveis sem precedentes, o continente vive uma regressão: a concentração de riquezas aumenta e a miséria volta a crescer, impulsionada pelo cenário global. Os efeitos negativos da disputa entre China e os EUA foram reforçados pela pandemia que estourou em 2020.

Nesse cenário, projetos de extrema direita aparecem como uma possibilidade muito concreta. Usinas de *fake news* estão funcionando e as técnicas testadas em outros mercados se aplicam aqui com eficácia. As cibercampanhas recrutam *trolls* – pessoas que propositalmente incendeiam as redes com comentários ofensivos ou provocações. Há interesses econômicos e projetos de poder que têm muito a ganhar com governos autoritários. A polarização está instalada e aparece como irrecusável: como foi no Brasil contra o PT e depois contra Bolsonaro, em cada país da região, pessoas bem-intencionadas explicam que é necessário polarizar para evitar um mal maior.

Vivemos uma fase de diminuição do pluralismo democrático. A democracia está ameaçada e o ciberpopulismo, que não é a única causa, está no centro do problema. A desigualdade, a corrupção público-privada, a frustração dos sonhos não bastariam para colocar no poder figuras como Trump, Salvini ou Bolsonaro; é o ciberpopulismo que transforma esses fatores em combustível dos projetos antidemocráticos e autoritários.

Nos aproximamos do final do percurso. Fecharemos discutindo a polarização e os projetos de poder que se sustentam em abusos das liberdades democráticas com recursos das novas tecnologias de comunicação. Tendo compreendido qual é o novo paradigma da comunicação e qual é o lugar dos meios digitais e da propaganda em rede, havendo passado pelo ciberpopulismo e pela nova realidade da política, podemos responder as questões, urgentes e indispensáveis, sobre polarização e ciberpopulismo.

PARADOXOS
DA LIBERDADE

Era o ano 2000 e o Grupo Abril estreava seu primeiro presidente profissional, depois de décadas de comando da família Civita. Uma novidade para a empresa de meios tradicionais. Éramos 25 executivos reunidos num retiro estratégico no interior de São Paulo aguardando com expectativas a palestra que ele iria apresentar: "O futuro da internet", o título estampado no programa. Ophir Toledo tinha passado pela alta direção de empresas de tecnologia e era quem iria conduzir o grupo para o novo mundo digital. Falando em um português rápido e cheio de anglicismos, começou se desculpando pelo título da palestra, sobre o qual, disse, não tinha sido sequer consultado. "Falar hoje sobre o futuro da internet seria uma temeridade. Como fazer uma palestra sobre o futuro da aviação logo após o voo de Santos Dumont: quem poderia imaginar os aeroportos, o impacto na carga, nos negócios, nas relações humanas que a aviação iria trazer? Com a internet é a mesma coisa; estamos vendo algo surgir que sabemos que irá mudar tudo, mas ainda não sabemos de que maneira." A seguir, mostrou alguns slides com dinossauros e começou a falar sobre a necessidade de se adaptar.

Mal sabíamos então o quanto estava certo. Abril era um dos dinossauros que não sobreviveriam às mudanças, assim como muitos daqueles executivos. Mas foi sobretudo acerca do incomensurável das mudanças e da imprevisibilidade dos rumos que ele acertou. Não dava para se fazerem previsões sobre o futuro da internet.

Como prever então que a Amazon, que acabara de ser criada e que era apenas algo como uma grande livraria, iria se transformar em um monstro global que fez de seu fundador o homem mais rico do planeta? Muito menos que a Amazon iria criar um dilema para os liberais capitalistas que pedem restrições ao livre mercado para permitir que o livre mercado continue a existir.

É o que a especialista em leis antimonopólio da Universidade de Colúmbia Lina Khan chama de "paradoxo antitruste". Os defensores do antimonopólio sempre disseram que, se o consumidor está satisfeito porque considera os preços adequados e o serviço bom, então o mercado está funcionando. Especialmente quando se trata de um *market place*, como é chamado no mundo digital um ambiente virtual de compra e vendas, um mercado mediado pela tecnologia digital em rede. A Amazon nasceu vendendo livros em parceria com lojas físicas e foi incorporando produtos diferentes e de diferentes fornecedores. Colocou no seu ambiente até mesmo seus próprios concorrentes. O seu fundador, Jeff Bezos, defendia que, se alguém fosse mais competitivo que a sua própria empresa, ele preferia perder uma venda para ser obrigado a melhorar. Mas a Amazon acumulou tanto poder que exerce influência excessiva sobre as variáveis fundamentais da economia. Amazon fornece o contato com o cliente, o meio de pagamento, a entrega e o serviço pós-venda. E mais: é dona da infraestrutura onde estão armazenados os sites de seus parceiros e concorrentes. Mas o mais importante é o acesso aos dados de todas as transações e o que a inteligência artificial pode fazer com eles. Há uma vantagem competitiva exagerada quando a Amazon decide entrar numa indústria com produtos próprios: a possibilidade de definir preços e condições conhecendo as ofertas dos concorrentes e parceiros que vendem na própria Amazon permite ajustar o foco das ofertas. A máquina de vendas fica mais eficiente, aprende com cada transação própria e alheia.

O capitalismo de mercado está ameaçado pela concentração de poder, entendem especialistas e legisladores. Há um consenso crescente nesse aspecto. "É necessário que os governos regulem, assim como ocorreu em outras épocas com o setor ferroviário, as telecomunicações e a energia", diz o professor da Sloan School of Management do Instituto de Tecnologia de Massachusetts (MIT) Michael Cusumano. No marco atual, as empresas tecnológicas crescem muito rapidamente e se transformam em líderes indispensáveis numa área. "É por isso que temos um sistema operacional dominante para computadores (Microsoft), outro para celulares (Android), um grande buscador (Google), uma rede social (Facebook), um grande mercado (Amazon) e uma grande loja digital (iTunes)", explica Cusumano.[21] As regras atuais são antigas e não dão conta da mudança, mas o problema é que a mudança é tão veloz e constante, que a criação de novas regras já será insuficiente quando elas forem implementadas.

A União Europeia e os Estados Unidos estão tentando implementar medidas para conter o apetite voraz das empresas de tecnologia. Não há certeza de qual é o melhor caminho, mas todos concordam com a necessidade de mudar as regras do mercado para proteger o capitalismo da voracidade desmedida dos mais bem-sucedidos. Podemos supor que a democracia exige cuidados semelhantes. As distorções que a Amazon provoca no sistema de livre mercado podem ser semelhantes às que os gigantes do digital causam nos sistemas eleitorais e de representação política.

COMO SERÁ O AMANHÃ

Nossa visão ainda é curta demais para saber como será o mundo no final do processo de mudanças. Projetamos o futuro a partir de nosso presente, ampliado e distorcido pelos medos e pelas esperanças. Basta olhar para o que nos anos 1960 e 1970 se vislumbrava sobre o que seria o ano 2000. É bom lembrar quando escutarmos os profetas do caos vaticinando a morte da democracia. Ela já sobreviveu a catástrofes e desafios e continua, imperfeita e muitas vezes mancando, sempre avante. Não significa que os riscos não existam: existem e são sérios e muitos também são novos e por isso não os conhecemos suficientemente. Quando tudo está sendo redefinido pela comunicação digital, a democracia deve ser entendida, pensada e aparelhada.

A democracia verdadeira só existe se está sempre encaminhada em direção àquilo que deveria ser, afirma o filósofo alemão Jürgen Habermas. Não basta ter eleições formais para que exista democracia: é preciso andar em direção à justiça e à igualdade de direitos. Esse argumento é forte e perigoso: pode justificar o abuso das instituições. O debate em relação à Venezuela é exatamente esse: Chávez e Maduro disseram resgatar a essência da democracia desmontando os mecanismos de equilíbrio e controle entre poderes. A mesma coisa aconteceu na Bolívia: Evo Morales justificou na vontade popular a sua reeleição em 2019, fora dos termos constitucionais; de igual maneira, quem o destituiu disse agir na defesa da democracia. Em nome da democracia invocam-se manobras e golpes mais ou menos legais pelo mundo: Rússia, Turquia e Brasil são alguns exemplos de um fenômeno mais extenso.

A indignação, já vimos, está na origem dos movimentos que revertem o *status quo*, muitas vezes a partir das redes sociais. Esses protestos podem resultar em mais democracia ou em menos democracia. Por exemplo, os movimentos de junho de 2013, contra o aumento no preço do transporte e outras causas. Ainda que possa haver disputas acerca das consequências positivas ou negativas para a democracia, é inquestionável que esses movimentos mudaram o mapa político, econômico e social do Brasil.

O poder da indignação, potencializado pela capilaridade das redes sociais, está na capacidade de nos reunir em torno de uma causa. Já não sou mais apenas "eu": somos "nós". E, juntos, podemos. Podemos exigir, podemos mudar o rumo. Podemos até mudar o mundo. A força do "nós" é espantosa. Especialmente forte quando se faz identidade coletiva: quando olhamos ao redor e vemos que somos parte de algo maior.

Uma nação é uma identidade narrativa plural que age a partir de sua história, de seu caráter encarnado nas suas instituições: na Constituição, nas leis, nos seus representantes escolhidos pela vontade coletiva, nos seus heróis. O nacionalismo é uma narrativa que apela a emoções positivas (pertencimento, amor) e negativas (medo, ódio). São positivas e negativas não em termos de julgamento moral, mas como signos: a pertença nos atrai (aos semelhantes) e o medo nos afasta (dos diferentes).

Algumas formas de "nós" reduzem o "eu": o preço de pertencer é entregar o próprio ser ao grupo; não se pensa mais por si, não se age fora do que o coletivo manda ou permite. Encontramos exemplos em alguns movimentos políticos (de direita e de esquerda), que exigem uma adesão acrítica ao líder: não se questiona a doutrina, quem pensa é quem está no alto, as bases somente apoiam e obedecem. É como algumas religiões são vividas e impostas a uma sociedade ou a um grupo: quem questiona a autoridade é queimado, apedrejado, expulso da comunidade e do acesso à salvação. Em instituições como as forças armadas, o indivíduo serve apenas como peça numa estrutura maior. Em ambientes corporativos, onde a sobrevivência exige não se destacar do conjunto e o terno é um uniforme.

Em toda identidade há um lugar para os outros, porque eu não me faço sozinho nem estou sozinho no mundo. Quando se trata de uma identidade individual, todos os que não são "eu" são o outro: os próximos, os amigos, os familiares, os amados. Mas também estão os inimigos, os adversários, os desconhecidos. Numa identidade coletiva, o outro é aquele que está fora do limite marcado pelo que chamo de "nós".

O outro como inimigo, como ameaça, é muito útil para unir e dar força a uma identidade plural. Reforçar os laços para se defender: é o diferencial do humano em relação a outros animais. Quando o que está em jogo é a sobrevivência do grupo, o individual perde relevância e a submissão ao coletivo parece uma necessidade evidente; até os mais individualistas depõem as suas restrições para servir à causa comum. Está na base do nacionalismo: vamos todos juntos contra o inimigo. Resulta uma identidade plural de aspecto forte e sólido, sem fraturas nem dúvidas. Uma família, um povo, uma nação sob ameaça juntam forças, se aglutinam. Um sentimento de solidariedade, de estar e de ser juntos se impõe sobre as diferenças menores ou mesmo as maiores: numa guerra, o Estado deixa de atender aos interesses da classe dominante, nacionaliza as empresas para produzir armas, põe no campo de batalha oficiais vindos das elites, emprega artistas para produzir propaganda. As liberdades individuais são postergadas quando o que manda é o interesse geral de uma identidade coletiva maior. Numa guerra ou numa pandemia, como bem lembra o filósofo francês Alain Badiou.

O inimigo externo serviu para sustentar a ditadura argentina das décadas dos anos 1970 e 1980. As coisas não iam bem sob o governo dos militares, então eles decidiram recuperar as ilhas Malvinas do ocupante inglês. Multidões de argentinos bem-intencionados saíram às ruas para manifestar seu apoio ao presidente, um general com fama de alcoólatra e um discurso tosco, Leopoldo Fortunato Galtieri. O nacionalismo desenfreado abafou e postergou as críticas e os questionamentos que vinham ganhando a sociedade. Algo semelhante acontecera poucos anos antes, quando sob o governo de um outro general, Jorge Rafael Videla, a Argentina organizou e ganhou (quase certamente de maneira espúria) a Copa do Mundo de futebol: políticos sequestrados ouviram do interior de suas prisões clandestinas o bramar de uma nação que se dizia unida e feliz. Os militares argentinos, porém, provaram-se mais eficazes para assassinar estudantes e torturar mulheres grávidas do que para lutar no campo de batalha: as forças armadas argentinas foram derrotadas rapidamente pela Grã-Bretanha. A humilhação ocupou o lugar do triunfalismo e então veio a ressaca que iria desaguar na volta da democracia. Como teria sido a história se as Malvinas não tivessem voltado a ser Falkland? Se a premiê Margaret Thatcher não tivesse visto ela mesma a oportunidade de unir o povo britânico em torno de uma causa bélica e assim ganhar mais poder para impor sua agenda ultraliberal? Quem não tem um inimigo externo o inventa. Um presidente francês culto e defensor do republicanismo pode servir como alvo para um sujeito que faz da própria tosquidade e do desrespeito pelo diferente uma bandeira – seja ele presidente dos EUA ou do Brasil. Uma hipótese de guerra ou uma guerra declarada, uma potência hegemônica, cumprem a função de aglutinar um povo. A China ocupa hoje o lugar que já foi da Rússia e a covid-19 rendeu um bom arsenal nesse sentido.

Quando o inimigo externo não é suficiente, há sempre a possibilidade de se construir um interno. Hitler fez isso bem, mas não foi o único. Para o déspota, as vantagens do inimigo interno são incontáveis. Tensionar a sociedade para controlá-la é o truque desse jogo.

Ditadores sabem desde sempre. Demagogos, também: o outro é a ferramenta básica do populismo. Ter um bom inimigo a quem odiar é fundamental para construir uma massa, um povo ao qual se deve conduzir. Esse é o primeiro grande risco do populismo: quando não há uma guerra, quando o inimigo externo não basta, ele procura ou constrói um inimigo interno. É aí que nasce a polarização. O populismo leva necessariamente à polarização e polarização é ruptura, é divisão.

O segundo risco do populismo é que ele exige uma diminuição do indivíduo em prol da causa comum. Cada indivíduo sente sobre si a força redutora: os que não estão comigo estão contra mim. Todo pensamento crítico e todo matiz devem ser postergados se não servem para o objetivo central, que é o de derrotar o adversário ou o inimigo. Populismo e polarização matam o pensamento e a inteligência, acabam com o diálogo e reduzem a democracia.

Dialogar é pensar a dois; sem diálogo pensa-se menos, pensa-se pior. Democracia é o sistema concebido para dar lugar a interesses conflitantes por meio de acordos, balanços, contrapesos. Uma democracia é feita de conflitos sempre em resolução, e as soluções nunca são definitivas. Por isso, a democracia é caótica, barulhenta e imperfeita: ela precisa se ajustar ao constante jogo de forças entre demandas contrapostas. Quando um grupo ganha excessiva força para impor as suas demandas, a democracia fica reduzida; se são duas as forças poderosas que se opõem, então há um equilíbrio, mas é um equilíbrio feito na base do abandono das terceiras, quartas, quintas posições. Tudo é subordinado a esses polos, não há diversidade nem nuanças possíveis.

Ser caótica e barulhenta é uma característica positiva da democracia, não um defeito. Uma democracia saudável deve promover as identidades coletivas que contêm e as identidades individuais que conformam ambas. Dentro da democracia devemos encontrar espaço para ser mais e de maneira mais verdadeira, e para isso o sistema deve permitir e regular o conflito entre muitas diversidades, encontrar os mecanismos e os espaços de acordo. Não se trata de eliminar os conflitos (muitos deles são estruturais), mas de evitar que eles destruam o tecido comum, sem esmagar nesse esforço aquilo que é diferente. Querer uma democracia ordenada é querer menos democracia. Devemos suspeitar de uma democracia que não treme, que não ruge: por trás da ordem existe, sempre, um caos escondido. E quando o caos não se faz visível, quando os conflitos são negados, a consequência é o sofrimento e a ruptura. A polarização se alimenta de conflitos não resolvidos pela via de uma democracia autêntica.

Quando a identidade (coletiva, plural) de uma nação se fratura por causa da polarização, todos perdem. O indivíduo, as identidades coletivas que compõem a nação e a própria nação, que fica diminuída, enrijecida e mais frágil. Basta olhar para o exemplo de grandes ditaduras de aparência forte que caíram da noite para o dia. As trincas, ainda que invisíveis, vão enfraquecendo a estrutura, que uma chacoalhada interna ou externa pode fazer desabar.

O BRASIL PARTIDO

Já mostramos como uma estratégia calcada no modelo que elegeu Trump fez possível a ascensão ao poder da extrema direita brasileira. Dissemos também que o PT foi o ponto de apoio para eleger

Bolsonaro, na base de uma polarização acirrada. A polarização pode até trazer benefícios para alguns atores de esquerda e de centro, mas a fratura da sociedade é o jogo do bolsonarismo. Nasceu de uma primeira polarização criada para impedir um governo do PT: o antipetismo ganhou a eleição de 2018. Uma vez instalada, a fratura serviu para manter o governo apesar de tudo: havia sempre a ameaça de nos tornarmos a Venezuela, do comunismo dos badeneiros e dos corruptos. Quando essa narrativa não bastou, o polo ao qual se opor mudou: foi "todos contra Bolsonaro". Para muitos eleitores inteligentes e honestos, valia tanto evitar a chegada ao governo do PT quanto depois tirar o capitão reformado. Muitas pesquisas mostram algo parecido a três terços: apoiadores duros do PT, bolsonaristas raiz e a parcela da sociedade que vota contra: muitos que tinham sido anti-PT viraram anti-Bolsonaro. Um uso inteligente do fenômeno do voto útil, alimentado pelo discurso do medo e a construção de fantasias que permitiu levar a polarização a um grau extremo.

Em 2011, o Peru encarou uma eleição em segundo turno na qual os dois finalistas da corrida presidencial eram populistas de signos aparentemente opostos: Ollanta Humala era associado a uma forma de chavismo; Keiko Fujimori seguia a linha de seu pai, o ex-presidente preso por escândalos de corrupção e de violência, merecedor de um mote conhecido de muitos brasileiros: "rouba, mas faz". O escritor e prêmio Nobel Mario Vargas Llosa fez então uma comparação que escandalizou muita gente: "É como escolher entre a aids e o câncer". Em muitos sentidos ele estava certo. Não há dúvidas: polarização é ruim. Pode até se justificar em favor de uma causa maior – pode ser a única maneira de se tirar do poder um canalha, mas isso não faz da polarização algo menos ruim. Para muitos brasileiros, cada eleição é a perspectiva de uma escolha infeliz entre o menos pior. Não parece haver motivos para esperar que isso mude no curto prazo. Com a ciberpolítica ganhando espaços e uma polarização e uma fratura instaladas, as chances de um discurso capaz de fazer voltar o pluralismo, o consenso e o diálogo são escassas. A dinâmica do ciberpopulismo deve continuar a alimentar os polos e a divisão.

Existem dois caminhos para o resgate da democracia ameaçada. O primeiro é o surgimento de uma força capaz de reunir democratas de direita e de esquerda contra qualquer forma de fascismo – que no Brasil chama-se bolsonarismo, como alerta desde a eleição o filósofo Vladimir Safatle.[22] Que a agenda de Bolsonaro tem corte fascista é uma afirmação baseada nas características do movimento que Mussolini liderara na Itália e que no Brasil teve sua versão adaptada no integralismo de Plínio Salgado na década de 1930.[23] As características do fascismo, reconhecidas no bolsonarismo, são o culto à violência, a exaltação do Estado-nação, a insensibilidade perante a violência contra os mais fracos e uma recusa da ordem institucional em prol da mão forte do líder.

O segundo, bastante incerto e sem exemplos à vista, é a construção de um populismo de esquerda capaz de ganhar eleições e sem vocação antidemocrática. França é um exemplo da primeira solução, onde direita e esquerda têm se unido para barrar a chegada ao poder da extrema direita. Argentina poderia ser um exemplo da segunda, com um populismo de esquerda derrotando o populismo de direita.

Pode soar contraditório e talvez até o seja: dissemos antes que polarização e populismo reduzem a democracia. Contudo, se existem exemplos de populismos de esquerda que não derivaram em fascismo, não há populismos de direita que não tenham vocação fascista. Um populismo de esquerda que não seja incompatível com a democracia deve ver no outro, no seu opoente, um adversário do povo, não um inimigo. Um populismo de esquerda que não busque se perpetuar acabando com a democracia deve legitimar aquele que o enfrenta e promover um espaço de pluralismo e debate. Essa esquerda plural se define não a partir de uma homogeneidade como era a do proletariado, mas atendendo às diversas necessidades das classes e das categorias submetidas ou marginalizadas, questões que vão da luta das mulheres ao futuro do planeta. Há uma vontade coletiva que preserva vivas e ativas as identidades, não as apaga sob o signo da homogeneidade.[24] Soa utópico? É possível que uma esquerda que não tenha vocação de realizar utopias já esteja morta. Somente o tempo dirá se o Brasil consegue transitar em alguns desses caminhos e resgatar a democracia de seus algozes.

Notas

1. A questão é muito bem trabalhada em *As origens do totalitarismo*, da filósofa Hannah Arendt (1906-1975).
2. Glenn Kessler, "Trump made 30,573 false or misleading claims as president. Nearly half came in his final year", em *The Washington Post*, 23 de janeiro 2021. Disponível em <https://www.washingtonpost.com/politics/how-fact-checker-tracked-trump-claims/2021/01/23/ad04b69a-5c1d-11eb-a976-bad6431e03e2_story.html>, acesso em 24 jan. 2021.
3. No site Aos Fatos, contabilizavam-se mais de 2.000 mentiras nos dois primeiros anos de Bolsonaro como presidente do Brasil. Disponível em <https://www.aosfatos.org/todas-as-declara%C3%A7%C3%B5es-de-bolsonaro/>, acesso em 24 jan. 2021.
4. Cristóbal Rovira Kaltwasser e Cas Mudde, *Populismo: uma brevíssima introdução*, Lisboa, Gradiva, 2017.
5. Ernesto Laclau, *A razão populista*, São Paulo, Três Estrelas, 2013.
6. Explica isso muito bem Maria Esperanza Casullo, pesquisadora argentina, que escreveu *¿Por qué funciona el populismo? El discurso que sabe construir explicaciones convincentes de un mundo en crisis*, Buenos Aires, Siglo XXI, 2018.
7. Giuliano da Empoli, *Os engenheiros do caos*, São Paulo, Vestígio, 2019.
8. É o título de uma coluna assinada pelo antropólogo Juliano Spyer, pelo professor da Universidade de Kentucky David Nemer e por Mauricio Moura, fundador do IDEIA Big Data.
9. Wu Youyou, Michal Kosinski e David Stillwell, "Computer-based personality judgments are more accurate than those made by humans", em *PNAS*, 2015. Disponível em <https://doi.org/10.1073/pnas.1418680112>, acesso em 29 nov. 2019 [tradução minha].
10. Christopher Wylie, apud Pablo Guimón, "O 'Brexit' não teria acontecido sem a Cambridge Analytica", em *El País*, 28 mar. 2028. Disponível em <https://brasil.elpais.com/brasil/2018/03/26/internacional/1522058765_703094.html>, acesso em 25 out. 2020.
11. Christopher Wylie, apud Pablo Guimón, "O 'Brexit' não teria acontecido sem a Cambridge Analytica", em *El País*, 28 mar. 2018. Disponível em <https://brasil.elpais.com/brasil/2018/03/26/internacional/1522058765_703094.html>, acesso em 25 out. 2020.
12. Christopher Wylie, apud Pablo Guimón, "O 'Brexit' não teria acontecido sem a Cambridge Analytica", em *El País*, 28 mar. 2018. Disponível em <https://brasil.elpais.com/brasil/2018/03/26/internacional/1522058765_703094.html>, acesso em 25 out. 2020.
13. Sófocles, *A trilogia tebana: Édipo Rei, Édipo em Colono, Antígona*, Rio de Janeiro, Zahar [e-book].
14. Eliane Brum, "O homem mediano assume o poder: O que significa transformar o ordinário em 'mito' e dar a ele o Governo do país?", em *El País*, fev. 2019. Disponível em: <https://brasil.elpais.com/brasil/2019/01/02/opinion/1546450311_448043.html>, acesso em 4 abr. 2020.
15. Theófilo Machado Rodrigués, "Populismo de esquerda *versus* Populismo de direita no início do século XXI: o conflito político nos EUA, Inglaterra, França e Alemanha", em *Revista Estudos Políticos: a publicação semestral do Laboratório de Estudos Hum(e)anos (UFF)*, Rio de Janeiro, v. 9, n. 1, pp. 70-85, jul. 2018. Disponível em <http://revistaestudospoliticos.com/>, acesso em 13 dez. 2019.
16. Luc Rouban, *La matière noire de la démocratie*, Paris, Les Presses de SciencesPo, 2019 [e-book].
17. "'Vocês estão vivendo um novo tipo de ditadura', diz sociólogo Manuel Castells", em *O Globo*, 17 jul. 2019. Disponível em <https://oglobo.globo.com/sociedade/voces-estao-vivendo-um-novo-tipo-de-ditadura-diz-sociologo-manuel-castells-23812733>, acesso em 12 jul. 2020.
18. "O novo populismo de América Latina, um movimento mais vivo do que nunca", em *IdeasBr*, 15 set. 2017. Disponível em <https://ideasbr.llorenteycuenca.com/2017/09/15/o-novo-populismo-de-america-latina-um-movimento-mais-vivo-do-que-nunca/>, acesso em 12 jul. 2020.
19. Os dez valores que Schwartz detectou como presentes em todas as culturas são:
    1. Poder: *status* social e prestígio, controle e domínio sobre pessoas e recursos;
    2. Realização: sucesso pessoal pela demonstração de competência segundo os padrões sociais;
    3. Hedonismo: prazer e gratificação sensual para si;
    4. Estímulo: excitação, novidade e desafios;
    5. Autodirecionamento: pensamento e ação independentes (escolher, criar, explorar);
    6. Universalismo: compreensão, apreciação e tolerância em relação ao bem-estar de todos os povos e da natureza;
    7. Benevolência: preservação e incentivo do bem-estar das pessoas com as quais se está em contato pessoal frequente;

8. Tradição: respeito, compromisso e aceitação dos costumes e das ideias da cultura e da religião;
9. Conformidade: limitação das ações, inclinações e impulsos que possam incomodar ou machucar os outros e violar normas e expectativas sociais;
10. Segurança: harmonia, estabilidade da sociedade, das relações e de si.

[20] Alemanha, Austrália, Brasil, Chile, Eslováquia, EUA, Finlândia, Grã-Bretanha, Grécia, Israel, Itália, Polônia, Espanha, Turquia e Ucrânia. Michele Vecchione et al., Guido. (2014). *Personal Values and Political Activism: a Cross-national Study*. British journal of psychology, London, 1953, mar. 2014. Disponível em <https://www.researchgate.net/publication/260608026_Personal_values_and_political_activism_A_cross-national_study >, acesso em 27 jun. 2020.

[21] "Plano de quebrar o oligopólio do Facebook e do Google ganha peso nos EUA", em *El País*, 5 out. 2019. Disponível em <https://brasil.elpais.com/brasil/2019/10/04/internacional/1570189971_000536.html>, acesso em 13 jul. 2020.

[22] Vladimir Safatle, "O que é fascismo?", em *Revista Cult*, 22 out. 2018. Disponível em <https://revistacult.uol.com.br/home/o-que-e-fascismo/>, acesso em nov. 2020.

[23] André Singer et al., "Por que assistimos a uma volta do fascismo à brasileira?", em *Folha de S.Paulo*, 09/06/2020. Disponível em <https://www1.folha.uol.com.br/ilustrissima/2020/06/por-que-assistimos-a-uma-volta-do-fascismo-a-brasileira.shtml>, acesso em nov. 2020.

[24] É a proposta da pesquisadora belga Chantal Mouffe no livro *Por un populismo de izquierda* (Buenos Aires, Siglo Veintiuno Editores, 2018).

Conclusão –
A liberdade é plural

O ciberpopulismo é uma ameaça real à democracia. Mata e destrói, provoca sofrimento, empequenece as nações que o afetam – entre elas, e muito fortemente, o Brasil. Este livro abordou o impacto da comunicação digital em rede nas democracias e a polarização de uma ótica original, capaz de orientar a análise e a articulação de antídotos. Esta será uma conclusão diferente. Ao longo do texto, discuti as questões lançadas na Introdução. Aqui retorno a elas e procuro respondê-las de forma sucinta.

**Como compreender a comunicação,
hoje, na era dos meios digitais?**

A comunicação vai além da troca de mensagens entre um emissor e um receptor: é traço existencial do ser humano. Segundo a Filosofia da Comunicação, a humanidade e o indivíduo se constituem *na comunicação*. A noção de identidade individual é relevante, considerada como a história que cada um conta a si e aos outros, com os outros; há identidades individuais e também identidades coletivas. *Somos com os outros*; ignorar a dimensão plural do ser humano e focar apenas na identidade individual causa sofrimento individual e coletivo. Assim, ao falarmos da comunicação não nos referimos somente à tecnologia: não basta ter os meios para nos comunicarmos com qualquer humano do planeta, é necessário o *ubuntu*. Essa é uma forma de entender o mundo que não pode prescindir dos outros seres que me rodeiam, me antecedem e irão me suceder.

De que maneira a nova comunicação influencia como as pessoas se relacionam entre si, pensam e conduzem suas vidas?

Somos *Homo communicans*: a comunicação é nosso diferencial evolutivo, aquilo que permitiu a sobrevivência da espécie e que está por trás do desenvolvimento das capacidades humanas. Se a comunicação constitui a humanidade e os indivíduos, então alterações nos modos de comunicar mudam o jeito de ser humano. Os avanços na tecnologia das comunicações nas últimas décadas têm impacto profundo na maneira como nos relacionamos com nossos semelhantes, mas também na constituição de nossas identidades individuais e coletivas. Para os humanos do século XXI, grande parte da vida transcorre no mundo virtual e está ligada às novas tecnologias. Desde que acordamos com o alarme do celular até a hora que vamos dormir escutando música no Spotify, nossa vida transcorre nas telas: consultamos mensagens e lemos as notícias no celular, trabalhamos com colegas, clientes e chefes em plataformas virtuais, sabemos de amigos e familiares pelas redes sociais, pedimos comida pronta e fazemos a compra de supermercado por um aplicativo, assistimos a filmes e seriados por um serviço de *streaming*... Nenhuma atividade humana deixou de ser alterada pelas novas tecnologias e hoje é muito menor o número de pessoas no mundo sem um endereço de e-mail, um número de celular ou acesso à rede.

A comunicação, hoje, tem a possibilidade de estender os limites do humano promovendo a liberdade, o saber, a elevação; ou de se transformar em um instrumento de dominação capaz de estabelecer ditaduras informativas como a que Castells menciona no parágrafo que reproduzimos antes. Nunca a comunicação teve um papel tão claramente central e determinante no presente e no futuro da humanidade. Temos ferramentas suficientes para levar a comunicação a patamares nunca antes alcançados: está a tecnologia, estão os recursos, mas é necessário proteger o pluralismo e defender os espaços comuns de debate.

Qual o impacto da comunicação atual nas democracias?

Novamente, o conceito de identidade contribui para a resposta: uma nação é uma identidade coletiva que se conta a partir de fatos fundadores (guerras, revoluções etc.) e de heróis e figuras históricas. As instituições sustentam essa identidade (as leis, a Constituição etc.), a língua e alguns acordos comuns, sempre em revisão. A comunicação sustenta esses acordos e os mantém atualizados. Conflitos e convergência de interesse resolvem-se com base nos acordos comuns. A democracia é uma forma de regular os conflitos no interior de uma sociedade com base nesses acordos, que sempre têm formato de narração, pois se inserem na identidade coletiva da nação.

Na luta pelo poder, a elaboração de narrativas é fator central; as primeiras experiências com o ciberpopulismo mostram até que ponto a tecnologia pode potencializar mecanismos de dominação que estavam aí há muito tempo. A disputa pelos meios de formar opiniões e visões de mundo remonta à origem das sociedades humanas. É o que se chama de *poder simbólico*. Por séculos, a Igreja teve um quase monopólio desse poder, que negociava com os governantes seculares: o mundo era entendido da maneira que diziam as Escrituras, interpretadas e narradas pelos representantes de Deus na Terra. Esse poder vinha do domínio dos canais de comunicação que eram a reprodução manual de livros e os sermões nas igrejas. A invenção da imprensa de tipos móveis alterou os fundamentos desse poder e foi uma das razões do desenvolvimento acelerado das ciências e dos modelos de organização do coletivo. O capitalismo e a democracia nasceram junto com os meios de comunicação que viriam, mais tarde, constituir o sistema chamado de *mass media*. Os meios de comunicação, com sua capacidade de articular um relato, passaram a ocupar lugar central no desenvolvimento das nações modernas, no século XX.

O que vivemos no século XXI é o surgimento de operações políticas globais que fazem uso do poder das novas tecnologias da informação digital em rede para conquistar o poder. A serviço de grupos poderosos, constroem realidades paralelas na base do engano e da mentira, manipulam as paixões, estimulando o medo e o ódio para impulsionar projetos de poder. Sem pruridos, atacam as instituições da democracia que poderiam lhes colocar freio. A digitalização das informações, a distribuição em rede, as técnicas de microssegmentação e de construção de "bolhas" informativas servem essas operações.

Qual é o hoje papel dos meios de comunicação (novos e antigos) e qual o dos partidos políticos?

Tradicionalmente, o sistema dos *mass media* servia como mediador, filtrando as mensagens e impedindo que vozes antidemocráticas ganhassem visibilidade e relevância. Da mesma maneira, o sistema de partidos políticos colocava para escanteio as vozes dos extremos, impedindo ou tornando muito difícil a chegada de candidatos antissistema ao poder efetivo. Mas a sociedade digital eliminou ou reduziu o papel dos intermediários: meios de comunicação e partidos políticos perderam o protagonismo que tiveram no século XX.

O que é ciberpopulismo?
Como funciona?

Ciberpopulismo reúne o velho populismo com as tecnologias mais modernas de comunicação. Permitiu, assim, a irrupção de um movimento político de dimensões globais. O populismo é uma estrutura de relato que põe em destaque um líder salvador, um povo que deve ser salvo e um inimigo que ameaça esse povo e frente ao qual o líder se ergue. Qual o inimigo e qual o povo são coisas que mudam de forma e de figura segundo as necessidades do líder salvador, que é sempre o mesmo: aquele que quer se apossar do poder.

A comunicação em rede e a ciência de dados permitem chegar de maneira muito bem direcionada em cada pessoa, potencializando o efeito já forte da narrativa populista em níveis antes inimagináveis. Mudando as mensagens persuasivas para adequá-las às preferências de cada pessoa, construindo mundos paralelos onde as informações (de modo geral, mentirosas) estão ao serviço do discurso do líder, sustentando teorias conspiratórias para reforçar o caráter maligno do inimigo e destacando os valores do líder. Nessa construção retórica, tudo aquilo que a desmente é vilipendiado: a ciência, a mídia tradicional, as grandes figuras da cultura.

Quais são os novos atores políticos
filhos do ciberpopulismo?

A comunicação digital em rede abriu espaço para que pessoas normalmente silenciosas ou silenciadas pudessem se manifestar: gente que não militava nas ruas passou a reproduzir suas opiniões nas redes sociais. Grupos subrepresentados pela política tradicional ganharam voz. Foi assim que novos atores entraram no mundo da política pela via do ciberpopulismo: as massas operárias pauperizadas das regiões industriais da Europa e dos Estados Unidos, o "homem comum" brasileiro, o cidadão que normalmente se manifestava apenas no voto, maioria silenciosa que olhava com desconfiança os movimentos identitários, os avanços da globalização e a modernização dos costumes. Mas a entrada desses novos atores, essa expansão da representatividade, que em si mesmo é algo claramente bom para a democracia, geraram um efeito pernicioso quando o que estava na sombra ganhou visibilidade: o pior e o mais feio do Brasil ficou à vista e pareceu tomar conta do debate.

Um aproveitamento intencional da força do ódio e da indignação fez com que o ruim virasse combustível da política. Conflitos ancestrais se atualizaram nas redes sociais, onde cancelar, provocar e insultar viraram verbos aceitáveis para um grande número de cidadãos que na vida cotidiana são pessoas amáveis e gentis. A homofobia saiu do armário, a ficção da sociedade mista deu lugar ao racismo concreto. O espelho das primeiras eleições sob a ciberpolítica mostrou um rosto assustadoramente feio. E, quando se podia esperar que mais comunicação resultasse em mais democracia, viu-se o oposto.

Essa virada foi possível graças aos novos recursos da comunicação, mas não teria acontecido sem outras mudanças, mais profundas e por isso talvez menos visíveis. Estamos falando aqui de valores.

Em que mudou a maneira de votar e qual o papel dos valores nessa mudança?

Valores são crenças profundas que determinam juízos e preferência e definem caminhos para a ação. Há os valores individuais que dão prioridade a si mesmo, como poder e realização, e os que põem o outro em primeiro lugar, procurando o bem-estar dos próximos e da sociedade de modo geral. Existem também valores orientados à mudança, contrapostos aos valores mais conformistas, conservadores, defensores da tradição e da segurança. A tendência normal é votar em propostas políticas ou em candidatos que promovam os próprios valores. No século

XX, os partidos políticos funcionavam como aglutinadores de certos valores organizados com alguma forma de coerência.

Mas o sistema de partidos está ruindo no mundo todo e quem sofre são os grandes partidos tradicionais, que viram os níveis de adesão (medida em número de afiliados) e a influência efetiva (em representação nos parlamentos) cair. Os engenheiros do caos, visionários do mal, souberam detectar uma oportunidade na diminuição da fidelidade partidária e passaram a oferecer propostas flexíveis, de acordo com os gostos e preferências dos votantes. Valores que estavam nas plataformas de partidos de direita ou de esquerda foram isolados e alçados como eixo central de campanhas que pouco se importavam com a coerência do conjunto de propostas, desde que o marketing servisse à conquista do poder. Nasceram, assim, opções novas, de nicho, ou movimentos constituídos no universo digital, como é o caso do Movimento Cinque Stelle, na Itália, uma empresa privada que tem como missão a conquista de espaços de poder. Em movimentos assim, não há problema em coexistirem propostas contraditórias entre si, desde que sirvam para sustentar uma base de eleitores.

Mais individualistas e imediatistas, os votantes passaram a escolher mais pelo atrativo desta ou aquela proposta do que por um ideal construído ao longo de décadas. Necessidades como segurança e proteção da família ganharam maior relevância, junto com propostas mais generalistas, de execução improvável e caráter claramente propagandístico. O voto contra (contra o sistema político, contra o *establishment*, contra os políticos, contra a burocracia, contra os impostos) ganhou um espaço grande nas plataformas digitais.

Por que o Brasil está polarizado e quais os riscos dessa polarização?

O ciberpopulismo demanda e alimenta a fratura, não funciona sem ela. Sem um inimigo, não há um salvador do povo e todo o edifício cai por terra. Um candidato que se recusa a participar de um debate tem uma mensagem muito clara: o diálogo o enfraquece, o interlocutor não pode nem deve ser reconhecido. Uma vereadora negra e homossexual, defensora das mulheres e dos favelados, que denunciava abusos e privilégios, ser assassinada – essa é a outra cara da moeda de um movimento político que não aceita debater.

Bolsonaro é emergente do ciberpopulismo. Transformar o adversário em inimigo, promover uma fratura na sociedade e sustentar uma polarização são indispensáveis para um projeto de poder que tem no pluralismo seu oposto. O uso eficiente das redes sociais em um modelo desenvolvido e testado em outras latitudes e uma leitura adequada das necessidades de uma sociedade tensionada permitiram que o impensado acontecesse: o Brasil caiu nas mãos de uma extrema direita vinculada a milícias, uma ameaça real e concreta para a democracia e retrocesso das artes, da cultura, da ciência, da educação. O que chegou a ser um dos países mais admirados do mundo virou motivo de chacota e de comiseração internacional.

Mas para que a operação do ciberpopulismo funcione é preciso que exista uma sociedade pronta para ser fraturada ou uma fratura para ser aumentada. O Brasil tem uma história de violência, com tensões visíveis e outras subjacentes. Há debates postergados e feridas sem cicatrizar, como as da ditadura. Nas favelas e nas periferias das grandes metrópoles, a população sofre a tutela de milícias e traficantes. A venda de armas a particulares aumentou de 24.633 em 2019 para 73.985 em 2020. O Brasil convive com uma das maiores taxas de homicídios do mundo e é o país que mais mata, em números absolutos; e, se esse número não bastasse, a maioria dos mortos são negros. Negros não dirigem empresas, não moram em bairros abastados e não frequentam escolas de elite. Mas os corpos dos homens negros não são os únicos a sofrerem violência: a cada dia são estupradas 144 mulheres; melhor dizendo, mulheres ou meninas, porque, do total de vítimas, 53,8% têm menos de 13 anos.

Em 2019, o Brasil era o segundo país com maior concentração de renda, perdendo apenas para o Catar: 28,3% da riqueza fica com 1% da população. E a primeira década do século foi a melhor na história em termos distributivos. A renda média das famílias havia crescido mais de 30% entre 2001 e 2011, enquanto o índice de Gini, que mede a desigualdade, caíra mais de 10%; enquanto isso, as taxas de pobreza extrema e de pobreza diminuíram respectivamente 4 e 12 pontos percentuais. Mas o sonho durou pouco e a ressaca não acaba. Desde 2015 uma crise se instalou para a maior parte da população, fazendo retroceder os ganhos dos anos anteriores; uma crise que acabou em 2016 para os mais ricos e estendeu-se para os pobres até o final da década, como mostra o excelente estudo "Desigualdade de renda no Brasil de 2012 a 2019", conduzido pelos pesquisadores Rogério Barbosa, Pedro Ferreira de Souza e Sergei Soares e publicado em julho de 2020 pela revista de ciências sociais *Dados*.

O já citado cientista político argentino Malamud diz: "Não é a desigualdade, não é a pobreza, não é a corrupção o que explica o surgimento dos populismos de direita: são as expectativas frustradas". É o movimento de perda o que causa a frustração. É a morte de um sonho o que irrita e indigna, que desencadeia a fúria. As elites brasileiras (política, econômica, judicial, midiática...) escolheram o caminho do *impeachment* e embarcaram na aventura do capitão reformado Jair Messias Bolsonaro; e para isso precisaram apostar na fratura do Brasil. E é por isso que o Brasil está e continuará polarizado.

Sair da divisão, recuperar o diálogo e criar condições para que os grandes debates ocorram e possibilitar a solução para as injustiças e as tensões estruturais são coisas que levarão muito tempo e muito esforço para voltar a acontecer.

É possível criar alternativas democráticas a partir do ciberpopulismo?

O populismo é uma estrutura narrativa sem ideologia, mas o que comprovamos é que o mundo tem levado ao poder representantes da extrema direita mais tosca, em muitos casos claramente fascistas. Alguns teóricos, como a socióloga belga Chantal Mouffe, defendem que a única forma de combater os populismos de direita é com populismos de esquerda. Não está claro se isso é possível e ainda não há exemplos de ciberpopulismo de esquerda. Mas, como já dissemos, o oposto da polarização é o pluralismo, e um governo de esquerda que se alce ao poder pela via do ciberpopulismo terá uma tendência naturalmente não plural. O ciberpopulismo exige polarização, e a polarização é uma doença da democracia.

Um populismo de esquerda ganhando o poder pelo uso inteligente das ferramentas digitais pode, em teoria, se tornar republicano se for capaz de dar lugar às vozes de uma sociedade plural, nada homogênea. Isso exigiria deixar um espaço para um adversário raivoso que irá agir como inimigo, disposto a tudo. Custa muito imaginar esse cenário que, como dizemos, não é teoricamente impossível.

Ou seja: a resposta é pessimista, o ciberpopulismo produz necessariamente diminuição da democracia, aumenta a intolerância e diminui a inteligência e a liberdade de indivíduos e sociedades.

Como sair, então, da armadilha do ciberpopulismo?

Esta é a pergunta mais importante e de resposta mais incerta. Para acabar com a fratura e reduzir o peso da polarização da política, seriam necessárias mudanças que não parecem possíveis num horizonte próximo. As redes sociais são uma realidade irrecusável para a política, e seu efeito deformante ainda deve desafiar o espírito e a letra da democracia no Brasil e no resto do mundo. O ciberpopulismo é indispensável para a extrema direita e seguirá forte nas eleições. Se as democracias do mundo, entre elas a brasileira, conseguirão criar um antídoto contra o autoritarismo obscurantista promovido pelos mestres do caos é ainda uma incógnita.

Não há sinais de que encontraremos um consenso suficientemente duradouro para resolver a profunda divisão que fez do Brasil um país fraturado. Assim como o crime e a violência não se resolvem armando a população e não há saídas fáceis para a injustiça, a pobreza e a falta de educação, também a defesa da democracia exigirá o empenho de muitos por muito tempo. Não basta culpar as redes sociais nem banir contas de distribuição de *fake news*. E certamente o caminho não passa por demonizar os eleitores da extrema direita.

Diálogo e pluralismo, praticar o pensamento crítico e aprender a escutar. Aceitar o diverso e buscar as razões profundas da ira e da indignação; cultivar o exercício de se colocar no lugar do outro. Sem isso tudo, não há democracia que resista, muito menos há chances de uma restauração da sociedade. Um compromisso dos cidadãos com a defesa das instituições e um rechaço radical das soluções de via curta: não apoiar caminhos espúrios de juízes supostamente iluminados e desconfiar dos heróis personalistas é também indispensável. Mas do que mais precisa o Brasil para sobreviver aos desafios que ele mesmo se colocou é praticar o *ubuntu*: saber que não há quem possa viver sem os outros.

"A verdade não existe no singular", diz Habermas. A liberdade também não.

O Autor

Brasileiro nascido na Argentina, **Andrés Bruzzone** é bacharel, mestre e doutor em Filosofia pela Universidade de São Paulo (USP) com tese sobre Filosofia da Comunicação. Foi jornalista e correspondente em Paris. Fundou e dirigiu meios e empresas de comunicação. Como executivo ou consultor, por mais de 15 anos ajudou empresas de mídia a fazer sua migração para o mundo digital. É CEO e fundador da Pyxys Inteligência Digital, que explora novas formas de comunicação. Velejador oceânico, iniciou em 2018 uma volta ao mundo sozinho no seu veleiro, Endeavour.

Agradecimentos

Agradeço aos leitores e aos interlocutores que me acompanharam nesta jornada, especialmente Wagner G. Barreira. E também Luciana Pinsky, Bia Mendes, Mariana Laham, Carmine D'Amore, Felipe Giménez, Guillermo Bengoa, Giovane Rodrigues, Félix Fassone e Pino Nicoletti. Ainda, uma menção extra para os colegas do Práxis (Centro de Filosofia, Política e Cultura), organizadores do II Simpósio Internacional de Filosofia e Comunicação Luso-Brasileiro-Alemão, Lubral (2019), onde esta reflexão começou a germinar.

GRÁFICA PAYM
Tel. [11] 4392-3344
paym@graficapaym.com.br